머리로 배운 테니스

머리로 배운 테니스

초판 1쇄 발행 2026년 1월 16일

지은이 안준범, 김성상
펴낸이 장길수
펴낸곳 지식과감성#
출판등록 제2012-000081호

교정 김지원
디자인 김희영
편집 김희영
검수 이주연, 정윤솔
마케팅 김윤길

주소 서울시 금천구 벚꽃로298 대륭포스트타워6차 1212호
전화 070-4651-3730~4
팩스 070-4325-7006
이메일 ksbookup@naver.com
홈페이지 www.knsbookup.com

ISBN 979-11-392-3040-6(03690)
값 12,000원

지식과감성#
홈페이지 바로가기

머리로 배운 테니스

안준범, 김성상 지음

$$E_K = \frac{1}{2}mv^2$$

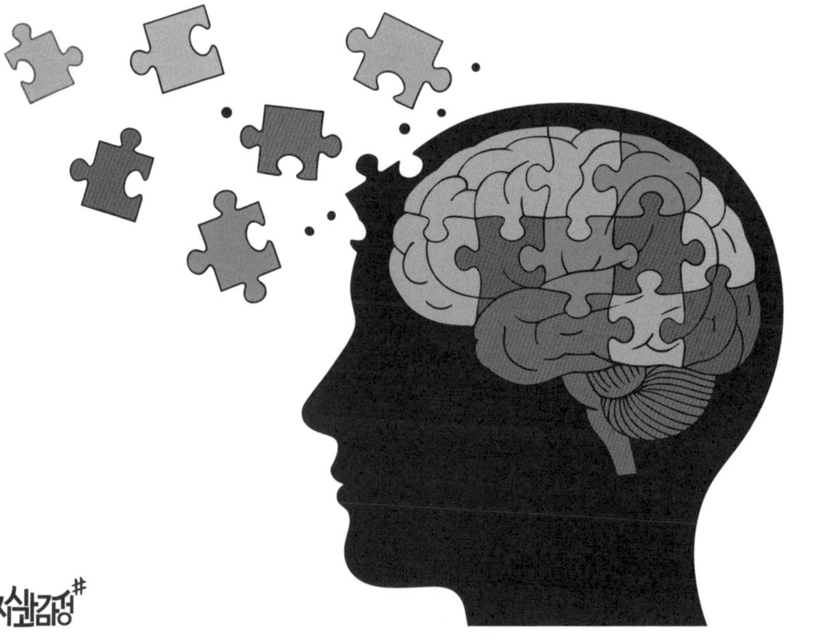

지식과감성#

머리말

테니스를 너무도 아름답게 잘 치는 동호인들을 보면 자연스럽게 누구나 하는 질문이 있다. “테니스 언제 시작하셨어요?” 그 대답은 언제나 같다. “어릴 때요.” ‘어릴 때부터 테니스를 배운 동호인들은 왜 테니스를 부드럽고 자연스럽게 심지어 아름답게 치는 것일까?’라는 질문을 자연스럽게 갖게 된다. 어린 시절부터 테니스를 친 친구들이 부러웠다. 젊을 때 테니스를 시작한 대학 동아리 출신 친구들이 멋지게 보였다. 어릴 때 배운 자전거나 수영처럼 몸으로 배운 건 커서도 잘할 수 있는 것 같다. 외국의 유명 프로 선수들 대부분은 4살 때부터 테니스를 시작한다. 33살에 테니스를 시작한 나도 늦은 것은 아니지만, 어릴 때 몸으로 배우지 못하고, 성인이 된 후 머리로 배워서 그런지 테니스는 어렵게만 느껴진다. 33년간 ‘어떻게 하면 아름다운 테니스를 칠 수 있을까?’에 대해서 머리로 고민했다. 〈멘탈〉, 〈기술〉, 〈에세이〉 이렇게 3부로 나누어서 이 세상에서 가장 매력적인 운동, 테니스를 ‘어떻게 아름다운 영역까지 끌고 갈 수 있을까?’라는 질문에 답하고자 한다.

머리로 배운 테니스의 시작

안준범

김성상 선생님을 만난 것은 정확히 2024년 10월 15일 화요일이었다. 2025년 10월 14일 화요일 현재, 김 선생님과 KBS 테니스장 로비 테이블에 마주 앉아 있다. 선생님이 준비한 맛있는 감자와 내가 준비한 아이스 아메리카노(Ice Americano)를 앞에 놓고 '머리로 배운 테니스'라는 제목의 책을 마무리하고 있다. 우리는 정확히 일 년 동안 책을 함께 쓰고 완성했다.

처음 김 선생님에게 테니스를 레슨할 때 참 특이한 사람이라는 생각이 들었다. 보통 레슨자들과 달라도 많이 달랐다. 김 선생님이 갖고 계신 아이디어가 매우 좋았다. 특히 내가 가장 관심이 있는 테니스의 움직임 특히 BIOMEC(생체역학)에 대해서 학구적으로 접근해서 너무 반가웠다. 한마디로 만나기 힘든 레슨자였다. 나와 정말 케미(We have great chemistry)가 맞아서 내게 배운 내용들을 정리해서 그다음 주에 가지고 오셨는데 참으로 신기했다. 내가 이렇게 가르치지 않았는데 잘못 이해할 때도 있었고, 때론 내가 가르칠 때 어려움을 겪고 있는 것들을 글로 잘 표현하셨다. 정말 재미있게 탐구하면서 일 년을 지냈는데 책을 발행하게 되었다. 테니스 기술뿐만 아니라 테니스와 인생을 심도 있게 나눌 수 있어서 좋았다. 김 선생님을 처음 만났을 때 전혀 기대하지 않았던 일이 벌어졌다. 그야말로 뜻밖의 기쁨(Serendipity)이었다.

사실 나의 이름을 걸고 이 책을 내는 것이 두렵다. 내가 가르친 내용들이 활자화되는 것을 보면서 망설임도 있었다. 정확히 전달된 것이 맞는가? 그러나 이 책은 체험을 통해서 체득(體得)될 수 있는 내용들이다. 머리를 통해 배운 것들은 결국 몸으로 체득해야 하는 것들이기 때문이다. 이 책을 보는 사람들이 될 수 있는 대로 운동하는 시간을 늘려나가길 바란다. 그리고 이 책의 내용을 정확하게 이해하고 그것이 코트에서 실현(實現)되기를 바란다.

2025년 10월의 어느 날 KBS 테니스장 로비에서

목차

1 멘탈(Mental)

2 기술

BIOMEC(생체역학)

발리(Volley)

포핸드(Forehand)

한 손 백핸드

오버헤드와 서브

3 테니스 에세이

테니스 클럽 운영

테니스 여행

테니스 경기

테니스 부상

테니스 용품

테니스 레슨

테니스 미디어

테니스 철학(哲學)

테니스 꿈나무

테니스 낭만(浪漫)

1

멘탈
(Mental)

1-1 야닉 시너 인터뷰

테니스는 멘탈(Mental) 경기이다. 경기하는 동안 강한 정신력 즉 멘탈을 유지해야 한다. 다른 말로 하면 연습 때처럼 긴장하지 않고 공을 쳐야 한다. 편안한 마음으로 자신이 원하는 대로, 자신이 가지고 있는 기술을 경기장에서 발휘해야 한다. 어떤 상황에서도 즐기면서 경기에 임하는 사람을 우리는 멘탈이 강한 사람이라 한다. 그런 사람들은 다른 사람들의 부러움의 대상이 된다. 시합에 나가서 테니스를 즐기면서 한다는 것은 아무나 할 수 있는 것이 아니기 때문이다. 아무리 테니스를 즐기는 사람이라도 멘탈은 흔들리게 된다. 정신적인 압박감으로 평소에 자신이 치던 공을 칠 수 없게 된다.

위안이 되는 것은 세계 랭킹 10위 안에 드는 선수들도 더블 폴트, 어이없는 스매시, 코트를 훨씬 벗어나 버리는 스트로크, 결정적인 순간에 네트를 때리는 발리 샷 등의 실수를 한다는 것이다. 그들은 위대한 선수들이지만 역시 사람인지라 멘탈이 흔들리는 것이다. 멘탈을 지키는 것에 관하여 누구나 테니스를 시작할 때부터 듣는 말은 '다른 것을 생각하지 말고, 오직 지금, 이 순간 그 공 하나만을 생각하라'이다. 그러나 동호인이나 선수나 실제 시합에서 그것이 잘 지켜지기는 어렵다. 상대로부터 다양한 공이 오면 자연스럽게 여러 가지를 생각하게 된다. 심지어 공이 나에게 오면 테이크백, 임팩트(Impact), 팔로우스루(Follow-through) 등이 잘 되고 있는지, 공과 적당한 거리가 유지되고 있는지 모든 것을 머리로 계산하면서 경기에 임한다. 특히 승부가 결정되는 중요한 순간에, 내가 서브를 잘 넣을 수 있을까? 또는 상대의 서브를 잘 리턴(Return)할 수 있을까? 하며 여러 가지를 생각하게 된다. 이런 생각들에 시달리게 되는 것이 멘탈을 유지하지 못하는 가장 큰 원인이다.

야닉 시너(Jannik Sinner)는 2025년 윔블던을 우승하고 멘탈을 유지하는 방법을 이렇게 인터뷰했다. “우리는(시너와 그의 팀원들) 모든 연습 시간에 (끝까지) 밀어붙이려고 노력해요. 연습 시간이 시합 때보다 정신적으로 힘들 때가 더 많아요. 경기할 때면 신경을 끄고, 다시 플레이할 수 있게 되지요. 이런 훈련이 많은 도움이 된다고 생각해요. (We’ve tried to push in every practice session. I was struggling at times mentally, maybe more in practice sessions. Because I feel like when I play a match, I can **switch off** and then play. I believe this helps a lot.)”이 말은 결국 모든 멘탈 훈련이 연습하는 동안 완성된다는 말이다. 가장 중요한 말 Switch Off 즉, 연습에서 했던 것을 신경 쓰지 않고, 자동으로 경기 중 해낼 수 있다고 말한 것이다. 시너는 동호인들과 반대로 말하고 있다. 즉 동호인은 연습 동안에 편안하고, 시합 때 복잡한데, 시너는 반대로 연습 때 복잡하고, 시합에서는 '신경을 끄고(Switch Off)' 하는 것이다.

이 시대의 위대한 챔피언들인 시너, 알카라즈(Carlos Alcaraz), 조코비치(Novak Djokovic)는 언제나 멘탈이 강하다. 이들은 정말 중요한 순간에 서브 에이스를 하거나, 리턴 에이스를 할 정도로 단단하다. 사실 이들의 멘탈이 강한 이유는 매우 간단하다. 그들의 충분한 연습 때문이다.

성상 동호인들은 오랜 시간 동안 연습을 할 수 없는데 어떻게 멘탈 훈련을 할 수 있나요?

준범 반복 훈련을 통해 할 수 있죠. 시합 중에도 할 수 있고, 레슨 중에도 할 수 있어요. 특히 레슨 중에 코치에게 공을 정확하게 주는 것보다 코치를 피해서 주는 연습이 중요해요. 물론 레슨 코치에게 양해를 얻고 자신이 시합에서 치고 싶은 공을 코치를 향해서 보내는 것이죠. 또한 동호인과의 경기에서 승부도 중요하지만, 자신의 샷(Shot)을 완성하기 위해서 꾸준히 원하는 샷을 보내야 해요. 이기기 위해서가 아니라 자신이 원하는 공을 계속 칠 수 있을 때 그 샷에 대한 멘탈을 유지할 수 있다고 생각해요.

성상 한마디로 우리의 정신력은 우리 스스로 키워야 하는데 특히, 레슨 코치에게 양해와 조언을 구하는 것이 필요하다는 말이군요. 그리고 시합 중 어려운 상황이 오면, 이것은 내게 귀한 정신력 훈련의 시간이라고 긍정적으로 받아들여야 한다는 의미로 느껴져요.

준범 동호인들에게는 그런 방법이 최선이라고 생각해요.

1-2 압박을 이기는 법

멘탈을 유지해야 한다는 말은 멘탈이 쉽게 흔들리기 때문에 나온 말이다. 그렇다면 왜 멘탈이 흔들리는지를 알아야 한다. 무엇보다도 긴장하기 때문이다. 긴장하는 이유는 상대를 꼭 이겨야 하기 때문이다. 그래서 자기보다 못 치는 사람하고 칠 때 멘탈이 흔들리는 사람은 거의 없다. 보통 자신과 비슷하거나 자기보다 잘 치는 사람을 이기고자 할 때 멘탈이 흔들리게 된다. 다른 말로 하면 자신이 갖고 있는 실력 이상을 발휘해야 한다고 생각할 때 멘탈이 흔들리게 된다. 충분히 비어 있는 공간에 쉽게 포핸드로 줄 수 있는 것도, 어렵게 코너로 앵글 샷을 친다든가, 평소보다 강하게 스윙을 한다든가 무리를 하게 되면서 스텝도 꼬이고, 밸런스도 잃고 실수를 연속해서 하게 되면 멘탈은 더 흔들리게 된다. 이런 경우에 멘탈을 잡는 것은 생각보다 간단하다. 집중력의 향상과 몰입을 위해서, 모든 상황 속에서 내가 가장 자신이 있고 잘했던 공을 치는 것이다. 한마디로 연습 때 못 친 공은 시합 때 칠 수 없다. 그러므로 연습 때 친 공을 시합에서 칠 수 있도록 하는 것이 멘탈이 흔들리지 않게 하는 가장 좋은 방법이다.

멘탈이 흔들릴 때는 주로 커다란 압박감을 느낄 때이다.

노-애드(No Advantage) 상황이나 매치포인트와 같은 상황에서 멘탈이 흔들리게 되며, 이렇게 되면 시합에서 이길 수 없다.

시합을 어렵게 만드는 것은 상대뿐만 아니라 자신의 복식 파트너가 주는 압박감이다. 서로의 경기 방식이 마음에 들지 않아 갈등이 생길 때이다. 어떻게 이런 압박감을 이길 수 있을까? 이런 문제를 극복하기 위해서는 시합 중에 몇 가지 기본 전술을 지켜야 한다. 시합 중에 망설이지 말고 확실한 공을 쳐서 파트너가 자신의 의도를 알 수 있도록 해야 한다. 복식의 기본적인 전술들은 생각보다 간단하다. 제일 잘 알려진 전술은 다음과 같다.

1. 안정적인 샷(Shot)을 통해 안정성을 높여준다.
2. 상대를 움직이게 한다(센터 이론).
3. 방어를 위한 준비 자세(Recovery Position)를 빨리 회복한다.
4. 상대의 약점을 공략한다.
5. 같은 팀의 강점을 활용한다.

성상 실제 시합에서 파트너에게서 오는 압박을 어떤 식으로 해결할 수 있나요?

준범 내부의 싸움은 외부의 적으로 막아야 한다는 말이 있죠. 시합 중 모든 생각의 흐름을 내부에서 찾지 말고, 외부 즉 상대편에서 찾아야 해요.

성상 그건 무슨 뜻인가요?

준범 나와 내 파트너를 보지 말고 상대편을 봐야 해요. 우리의 모든 샷을 지휘(결정)하는 것은 상대편이라 할 수 있죠. 그러므로 나와 내 파트너를 바라보는 것은, 압박을 이기는 올바른 방법이라 할 수 없어요. 물론 서로 격려하고 생각을 대화로 나누는 것은 필수죠.

1-3 명상(冥想)과 기도

명상이란 무념무상(無念無想)과는 다르다. 가만히 앉거나 누워서 자신을 가라앉히려고 할 때 사실 무수한 생각들이 머리를 스친다. 더군다나 테니스 경기에서 고요한 마음으로 내게 다가오는 볼을 처리하고 싶지만, 무수한 생각들이 머릿속에 떠오른다. 내 앞에 다가오는 모든 상황이나 생각을 그 자체로 보는 것이 명상의 핵심이다. 내게 다가오는 복잡한 상황 속에서 여러 가지 생각에 붙들리는 것이 아니라, 집중하여 하나의 실마리를 찾아내는 것이다. 연습을 통해 시행착오(試行錯誤)를 거쳐 그야말로 근육에 기억해(Muscle Memory) 두었던 기술을 거리낌 없이 발휘해야 한다. 그래서 명상을 이렇게 정의할 수 있다. 명상(瞑想)은 마음을 고요하게 하고 집중하여 정신적 평화와 안정을 얻는 수련법이다.

기도(祈禱)는 연결이다. 기도는 종교적인 신념 체계 안에서 신(神) 또는 초월적인 존재와 소통하거나 무언가를 간절히 바라는 행위를 의미한다. 절대자와의 연결이다. 연결을 가능하게 하는 행위가 기도이다. 사람은 언제 기도하는가? 자신이 약할 때다.

프로 선수들은 정신과 육체적인 문제로 인해 심리 및 물리 치료사를 동반하고 있다. 특히 정신력이 강한 나달의 경우 외국 언론에서는 그를 구도자라고 표현한다. 구도자란 진리나 종교적인 깨달음을 얻기 위해 수행하는 사람을 말한다. 나달의 정신세계를 다룬 글 "This world-class athlete talks like Aristotle and acts like Confucius. (세계 최고의 이 운동선수는 아리스토텔레스와 같이 말하고 공자와 같이 행동한다.)"(WRAL/CNN etc.)에서 구도자(求道者)란 표현을 볼 수 있다. 사람들은 간혹 나달을 명상과 기도를 통해 정신적, 영적으로 노력하고 있는 구도자로 묘사한다. 우리도 나달처럼 끝없는 명상과 기도를 통한 수행으로 새로운 차원에 도달하여 좌절로부터 일어설 수 있다.

최선을 다해 몸과 마음을 건강하게 유지하며 테니스 세계를 공유하는 사람들의 모임, 이것이 아름다운 테니스의 세계이다. 육체적 또는 정신적 어려움을 극복하지 않고는 아름다운 테니스를 소유할 수 없다. 아름다운 테니스는 명상과 기도 없이 불가능하다.

성상 현대의 분주하고 빠르게 진행되는 삶 속에서 어떻게 명상이 가능한가요?

준범 사실 시합 중에도 명상은 가능해요. 명상이란 집중을 위한 것이죠. 공을 칠 때처럼 집중할 수 있는 시간도 흔하지 않죠. 그러므로 엄청난 집중 즉, 명상이 가능하다고 생각해요. 공을 치는 것이 곧 명상이죠.

2

기술

BIOMEC(생체역학)

2-1 테니스 구성 요소

테니스를 구성하는 기본적인 요소로 보통 스텝(발걸음), 밸런스(균형), 임팩트(타점, 타이밍) 이렇게 3가지를 말한다.

그러나 테니스 전문가들은 전술, 전략, 기술(바이오맥), 멘탈, 체력 이렇게 5가지의 구성 요소로 이루어져 있다고 한다. 스텝, 밸런스, 임팩트는 기술에 속한다고 볼 수 있다. 특히 테니스 기술을 가능하게 하는 생체역학 원리를 자세히 다루어 보고자 한다.

바이오맥(BIOMEC)은 생체역학(生體力學)을 말한다. 6개의 단어의 머리글자로 만든 두문자어(頭文字, Acronym)이다. BIOMEC(생체역학)의 첫 글자의 의미는 다음과 같다.

1. Balance(균형-동적, 정적 평형 유지): 수직 축을 유지하면서 선과 각운동량 전달
2. Inertia(관성): 기존 움직임을 계속 유지하려는 힘으로 신속한 방향 전환
3. Opposite Force(박력): 지면 반발력 활용하는 힘
4. Momentum(운동량): 질량×속도로 결정
5. Elastic Energy(탄성에너지): 근육에 축적된 힘

6. Coordination Chain(협응 사슬): 리듬과 타이밍 결정

종종 테니스에서는 가장 중요한 요소로 스텝(Step), 밸런스(Balance), 임팩트(Impact)를 말하지만, BIOMEC(생체역학) 즉, 생체역학 원리 속에는 이 모든 것이 포함되어 있다. 그러므로 테니스 기술 향상에 필수적인 BIOMEC(생체역학)을 바탕으로 테니스 기술 향상에 접근하는 것이 매우 합리적이라고 할 수 있다. 그래서 BIOMEC(생체역학) 이론을 구체적으로 기술 향상에 활용하는 문제를 다음 장에서부터 살펴보고자 한다.

성상 BIOMEC(생체역학)은 테니스 전문 용어인가요?

준범 그렇다고 볼 수 없어요. 생체역학 원리는 모든 스포츠에 적용 가능하니까요.

2-2 BIOMEC(생체역학)

BIOMEC(생체역학)은 이 책의 기술 부분에서 가장 많이 사용되는 개념이다. 그러므로 테니스 기술을 본격적으로 다루기 전에 BIOMEC(생체역학)의 의미를 좀 더 자세히 살펴보는 것이 필요하다.

Balance(균형)가 중요한 이유는 우리 몸의 축 때문이다. 피겨 스케이팅 선수의 경우 머리에서 척추로 이어지는 축을 중심으로 회전한다. 몸의 무게중심을 위에서 아래로 관통하는 축(Axis)을 중심으로 회전한다. 그러므로 축이 무너지면 우리 몸의 회전은 불가능하다. 우리 몸의 균형이 지면으로부터 유지된 상태에서만 올바른 회전이 가능하다.

테니스의 경우 공을 따라 움직이게 되면 우리 몸의 축이 무너지기 쉽다. 축이 무너진 상태로는 축을 중심으로 이루어지는 몸통 회전 즉, 올바른 스윙이 불가능하다. 그러므로 이동하고, 멈추고, 정확한 스윙을 위해서는 우리 몸의 균형(Balance)을 유지하는 것이 필수적이다. 지면이 없이는 어떤 운동도 할 수 없다.

Inertia(관성)은 물체 운동을 설명하는 뉴턴의 물체 운동에 관한 세 가지 법칙 중 제1 법칙이다. 정지한 물체는 계속 정지해 있고, 움직이는 물체는 속도와 방향이 일정하게 유지되는 등속 직선 운동을 하려는 성질을 말한다. 예를 들어 우리가 테니스 경기 중 사이드(Side)로 빠진 공을 달려서 쫓아가면 다시 원위치로 돌아오기 힘든 이유를 설명하는 법칙이다. 우리의 몸 역시 계속 달리거나 멈춰있으려는 관성의 법칙을 벗어날 수 없기 때문이다.

Opposite Force(**박력/반작용**)는 뉴턴의 물체 운동에 관한 세 가지 법칙 중 제3 법칙 작용-반작용 법칙(Law of Action and Reaction)에서 언급된 힘이다. 한 물체가 다른 물체에 힘을 가하면 힘을 받은 물체도 처음 물체에 크기가 같고 방향이 반대인 힘을 가한다. 예를 들어 벽을 밀면(작용), 벽도 같은 크기의 힘으로 벽을 민 사람을 뒤로 밀어 낸다(반작용). 우리가 흔히 말하는 지면 반발력을 말한다. 테니스에서는 벽 대신 지면에 힘을 가하면(작용) 지면에서 우리를 밀어내는 반발력(반작용)을 얻을 수 있는 것이다.

Momentum(**운동량**)은 뉴턴의 물체 운동에 관한 세 가지 법칙 중 제2 법칙 가속도의 법칙이다. 뉴턴은 질량과 가속도의 곱을 운동량(Momentum, P=mv)이라고 했고, 이것은 물체가 얼마나 세게 움직이는지를 나타내는 것이다. 운동 에너지는 이런 움직이는 물체가 일할 수 있는 능력을 말한다. 운동에너지(KE) = 1/2 × 질량(m) × 속력$(v)^2$, 이렇게 식으로 나타낸다. 두 개념 모두 테니스에서 매우 중요한 것으로 같은 무게의 라켓으로 같은 무게의 공을 칠 때 강한 에너지를 얻기 위해서는 속도를 높여야 한다는 것을 의미한다. 그래서 동호인들은 강한 볼을 치기 위해서는 힘을 빼고 스윙을 빨리 하라는 말을 코치들에게 항상 듣게 된다. 스윙을 세게 해야 하는 것이 아니라 빨리 해야 강한 볼을 칠 수 있는 것이다. 움직이는 물체가 갖게 되는 운동 에너지는 속도의 제곱에 비례하기 때문이다.

Elastic Energy(탄성에너지)는 영국의 과학자 로버트 훅(Robert Hooke)이 탄성력의 법칙을 발견했다. 탄성에너지(Elastic Energy)는 물체가 압축되거나, 늘어나거나 비틀리는 등 탄성 변형을 겪을 때 내부에 저장되는 역학적 위치 에너지로, 변형된 상태에서 원래의 모양으로 되돌아가려는 힘(탄성력)이 작용하면서 발생한다. 용수철을 늘이거나 압축했을 때 저장되는 에너지가 대표적인 예이며, 변형의 크기에 따라 축적되는 에너지의 양이 달라진다. 테니스에서는 용수철의 변형이 아니라 근육의 변형에 의해서 근육 내부에 저장

되는 에너지를 탄성에너지라고 한다. 이 에너지를 효과적으로 활용하면 반응 속도, 민첩성, 순간적인 파워(폭발적 힘)를 향상시키는 데 도움이 된다. 그러므로 근육을 잘 단련해서 강한 근육 탄성에너지를 활용할 수 있도록 해야 한다.

Coordination Chain(**협응 사슬**)이란 우리 몸의 움직임은 단순히 특정 근육 하나가 움직이는 것이 아니라, 연결된 여러 부위들이 협력(Coornate)하여 하나의 거대한 '운동 사슬(Kinetic Chain)'을 이루어 움직이는 것을 의미한다. 테니스의 경우 지면에서부터 라켓을 잡고 있는 손으로 전해지는 과정 전체를 운동 사슬(Kinetic Chain)이라고 한다. 지면 반발력이 만들어지고 전해지는 과정을 협응 사슬(Coordination Chain)이라고 한다. 우리 몸이 가지고 있는 에너지가 만들어지고 최종적으로 전달되는 과정이므로 우리 몸의 리듬, 공을 잡는 타이밍과 밀접한 관련이 있다.

성상 너무 학문적으로 흐른 것 같아요.

준범 아닙니다. 테니스의 동작, 기술 등을 이해하는 데 꼭 필요한 지식이라고 생각해요. 특히 생체역학 분야의 전문성을 인정받기 위해서는 국가 스포츠지도사 자격증 취득을 통해 운동역학 지식을 검증받거나, 관련 학과를 전공하여 깊이 있는 전문 지식을 습득해야 해요. 하지만 BIOMEC의 6가지만 이해해도 충분하다고 생각해요.

성상 테니스 지도자가 되기 위한 생체역학 관련 과목은 무엇이 있나요?

준범 테니스 지도자 자격증은 크게 생활스포츠지도사 2급(테니스)과 전문스포츠지도사 2급(테니스)으로 나뉘며, 각각 필기시험(공통 7과목 중 5과목 선택), 실기/구술시험, 연수 과정을 거쳐야 해요. 필기시험 과목은 스포츠 교육학, 스포츠 사회학, 심리학, 스포츠 윤리, 운동역학, 운동 생리학, 한국체육사이며, 실기/구술시험은 테니스 종목에 특화된 지도 능력 평가로 이루어져 있어요.

성상 감독님은 어떤 자격증을 가지고 있나요?

준범 약간 쑥스럽지만, TA 호주 테니스협회 주니어 육성 코치 자격증, ITF level 2 자격증, GPTAC C코치 자격증이 있어요.

성상 와우! 그러면 운동역학 시험을 영어로 통과하셨네요?

준범 물론이죠. 저 유학파(留學派)랍니다.

2-3 볼을 앞에서 치는 법

테니스를 치다 보면 많은 사람들에게 특히, 코치들에게 듣는 말이 있다. '뛰어', '앞에서 쳐', '정지해'. 사실 모두 테니스의 중요한 요소이다. 뛰는 것은 스텝, 앞에서 치는 것은 임팩트, 정지하는 것은 밸런스를 가리키는 지시어들이다. 테니스를 처음 치는 사람도 소위 말하는 운동 신경이 있는 사람들은 공을 네트 너머로 잘 넘기는데, 그것은 공을 앞에서 잡아서 치기 때문이다. 몸 뒤로 넘어간 볼 즉 몸 뒤에서 치는 볼은 언제나 힘이 든다. 그래서 점프 스매쉬(Smash)나 트위너(Tweener)와 같은 기술에 사람들이 열광하는 것이다.

공을 앞에다 놓고 체중을 실어서 자기가 보내고 싶은 곳으로 보낸다는 것은 공격적인 테니스를 할 수 있다는 것이다. 공을 앞에서 쳐야만 운동량을 최대로 생성할 수 있다. 라켓의 무게에 라켓의 움직이는 속력의 곱으로 나타내는 식 P=mv에서 알 수 있는 것처럼, 앞에서 쳐야만 최대의 운동량이 만들어지는 것이다. 공을 앞에다 놓고 치는 장점 중에 또 하나는 테니스 부상을 방지할 수 있다는 것이다. 빨리 날아오는 공은 무겁고 제어가 쉽지 않다. 그런 공을 앞에서 잡아서 몸으로 버텨내야 한다. 임팩트 포인트만 앞으로 잡아도 부상 예방에 많은 도움이 된다.

공을 앞에서 치기 위해서는 상대의 라켓에 공이 맞을 때부터 내 코트에서 바운드(Bound)되는 순간까지 놓쳐서는 불가능하다는 것이다.

성상 어떻게 하면 상대의 공을 앞에서 칠 수 있나요?

준범 상대의 라켓에 공이 임팩트(Impact)될 때 스플릿 스텝(Split Step)을 할 것. 그 순간부터 공의 궤적을 추적할 것. 공을 앞에 놓고 자신의 라켓으로 스윙(Swing)할 수 있는 앞과 옆 공간을 확보하면서 움직일 것.

2-4 실내 테니스 연습장

실내 테니스 연습장을 딸과 함께 여러 번 간 적이 있다. 상당히 만족스러웠다. 우리 동네 실내 연습장에는 테니스장 1/4 크기의 코트 3개가 있는데 특히 사람이 없는 시간을 이용하면, 딸의 동작을 교정해 줄 수 있고 자유롭게 이용할 수 있다. 감시 카메라가 항상 돌아가고 있어서 안전하다.

실내 연습장에 들어서면 상당히 쾌적하고 편의 시설이 잘 갖추어져 있다. 라켓 설치대에는 열 자루 정도의 서로 다른 브랜드의 라켓이 있어서 평소에 쳐 볼 수 없는 라켓을 사용해 볼 수 있다. 또한 신발도 신발장에 여러 사이즈별로 깨끗하게 준비되어 있다.

충전 카드를 사서 자신이 원하는 등급에 볼과 스피드를 입력하면 그대로 볼이 나온다. 그래서 딸을 연습시킬 때 포핸드 5분 정도 하고 백핸드도 5분, 입력해서 연습한다. 또 코트 뒤에서 교정해 줄 수 있는 공간이 있다. 세 개의 코트 중에서 가장 큰 코트에서는 스트로크와 발리를 할 수 있다. 자기 혼자 연습하거나, 사람이 없을 때 단순한 동작을 연습하려는 사람들에게는 활용도가 좋다.

성상 실내 테니스 연습장을 사용한 적이 있나요? 주의해야 하는 점은?

준범 볼 머신(Ball Machine) 공은 실제 시합을 위해에서는 별로 유용하지 않아요.

성상 정말로요? 정말 뜻밖의 대답인걸요?

준범 테니스는 자기 학습이 중요한데, 실내 연습장에서 하는 스윙 연습은 마치 어두운 동굴 속에 스윙 연습하는 것과 같다고 할 수 있어요. 테니스를 망치는 일이죠. 그런 환경에서는 공을 치면 칠수록 실제 상황에서 공을 치는 감을 잃게 되지요. 누구나 알듯이, 연습은 실전처럼 해야 하거든요. 한마디로 실내 연습장에는 실전이 존재하지 않는 곳이죠. 거리감, 속도감이 필수인 운동에서 연습장 여건상 거리감이 좁아지고, 상대도 없는 상태에서 훈련하는 것은 크게 도움이 되지 않아요. 그러나 자세 정도 교정하는 수준에서는 도움이 된다고 봐요.

성상 BIOMEC(생체역학) 관점에서 생각해 보면, B(Balance) 즉, 균형의 중요성이 고려되지 않은 곳이군요. 마치 온실 안의 화초와 같은 스윙이군요. 테니스의 기본인 풋 스텝(Foot Step), 움직임(Movement) 그로 인한 균형을 잡는 연습이 전혀 안 되는군요.

2-5 테니스와 균형

BIOMEC(생체역학)에서 가장 중요한 것은 균형(Balance)이다. 왜냐하면 관성(Inertia)이나 모멘텀(Momentum) 그리고 협응 사슬(Coordination Chain)까지 균형이 무너지면 그 의미를 잃어버리기 때문이다. 세계 최정상의 테니스 선수들도 시합 도중 균형을 잃으면 중요한 샷을 놓친다. 심지어 코트에서 넘어지거나 심하게 다치는 경우를 종종 보게 된다. 미디어를 통해서 프로 테니스 선수들의 훈련 과정을 볼 수 있다. 그들의 훈련 과정 중 가장 인상적인 것은 흔들리는 원판 위 걷기, 아주 좁은 나무다리를 한 발로 걷기, 큰 고무공 위에서 무릎으로 공을 굴려 일정 거리 이동하기, 원통을 밟고 발로 굴리면서 이동하기 등 가히 곡예단의 훈련 모습을 방불케 한다. 균형이 무너지면 테니스 경기는 참으로 힘들어지기 때문이다. 균형이 무너져서 넘어지면 경기 자체가 불가능하기 때문이다.

테니스를 33년 쳤다. 이제야 테니스에서 중요한 것들이 무엇인지 알 것 같다. 테니스는 나의 삶에 많은 것들을 가르쳐준다. 내 삶의 균형은 건강 문제로 쉽게 깨질 수 있다. 경제, 정서 등 여러 가지 영향으로 균형을 잃어버릴 수도 있다. 삶의 균형은 일관성이 없으면 유지될 수 없다. 테니스와 함께 시작한 33년의 교직 생활은 균형을 유지하는 법을 배운 시기였다고 할 수 있다.

성상 정말 테니스의 균형(Balance)과 인생의 균형감은 연관이 있나요?

준범 테니스도 인생도 움직이는 것이죠. 그 움직임이 모두 시간 속에서 이루어지고 있는 것이죠. 살면서 어떤 시간에 어떤 일을 위해 멈추어야 하는가? 어떻게 움직임과 시간의 균형을 맞추는가? 이 질문이 테니스와 인생의 가장 큰 공통점이라고 할 수 있죠.

성상 우리는 시간과 공간에 제약을 받는 한계적인 존재이지만, 시간과 공간을 자유롭게 선택할 수 있는 권한이 있다는 것이, 테니스와 우리 삶의 공통점인 것 같아요.

2-6 아는 만큼 보인다

'아는 만큼 보인다'는 말보다 테니스를 잘 설명하는 말은 없다. 서브를 넣는 동작을 보면 얼마나 테니스를 쳤는지 보인다. 스트로크, 발리, 스매시도 마찬가지이다.

먼저 서브와 스매시 핵심 BIOMEC(생체역학)은 모우멘텀(Momentum)의 사용이다. 어떤 방식으로 자신의 몸 축을 돌려서 공을 45도 각도로 힘차게 던지는가를 보게 된다. 코트 바닥의 힘을 끌어 올려서 사용하는지를 보면 그 사람의 실력이 보인다.

발리에서 보아야 할 것은 임팩트 포인트인 것이다. 프로 선수들이 아무리 휘둘러도 눈앞, 가슴 앞에서 임팩트 포인트를 잡는다. 스윙이 아니라 블록(Block)이다. 블록이 된 상태에서 지면에서 작용된(올라온) 힘을 이용해서 그냥 밀고 나아가는 것이다. 그러나 발리가 힘겨운 사람들의 경우를 보면 대부분 팔로만 친다. 그것도 자신은 몸통 뒤에서 눈에 보이지 않는 곳에서 타점이 형성됨을 본다.

스트로크의 경우 몸통의 회전을 어떻게 이용하는가를 보아야 한다. 테니스의 모든 힘은 지면에서 온다. 스트로크도 예외는 아니다. 그러므로 얼마나 지면 반발력(Coordination Chain 협응 사슬-리듬, 타이밍)을 사용해서 몸통을 빠르게 회전시키고 균형(Balance)을 유지해서 다음 동작까지 이어지는가를 보면 그 사람의 포핸드가 보이는 것이다.

BIOMEC(생체역학)은 테니스 현상을 파악할 때, 칸트가 말한 물자체(Thing-in-Itself)를 파악할 수 있는 형식(Form)의 범주(Category)와도 같은 것이다.

성상 BIOMEC(생체역학)을 테니스를 보는 하나의 형식이라고 하는 것은 정당한가요?

준범 이상하게 들릴 수 있으나, BIOMEC(생체역학)은 테니스를 바라보는 틀(Form)이 아니라 끊임없이 연습하고 훈련해서 몸으로 익혀야 할 테니스의 필수적인 요소라고 할 수 있죠. 코치인 저에게도 테니스는 보는 것이 아니라 하는 것이니까요.

성상 감독님은 저와 완전히 다르게 생각한다고 느낄 때가 있죠. 방금 하신 대답에서 BIOMEC(생체역학)에 대한 대답은 저의 예상을 깨고, 정신이 확 들게 하는 답변이었어요. '보는 것이 아니라 하는 것'이란 표현이 그래요.

발리(Volley)

2-7 경제성

테니스 복식에서 가장 경제적인 샷(Shot)은 발리이다. 체력 소모도 적고 포인트를 딸 확률도 높다. 그렇지만 가장 마지막에 배우는 기술이다. 심지어 발리의 원리를 알아도 실제 시합에서 사용하려면 어떤 기술보다도 정교함을 갖추어야 성공할 수 있다. 복식 시합에서는 발리를 얼마나 잘하느냐가 승패를 결정한다. 한마디로 네트 앞을 점령해야 시합에서 이길 수 있다. 그러나 실제 시합에서 발리를 잘할 수 있는 사람들은 고수에 속한다. 테니스 클럽의 수준을 결정하는 기술은 서브 앤 발리(Serve & Volley)이다. 테니스를 배우고 2-3년 안에 서브 앤 발리를 할 수 있는 사람은 그리 많지 않다. 특히 단식을 좋아하는 경우 발리에 대한 필요를 그렇게 많이 느끼지 못한다. 발리란 기술을 익히는 것과 실제로 사용하는 것에는 커다란 차이가 존재한다.

발리는 상당히 동적이면서 포인트를 결정짓는 멋진 샷이지만 실제는 정적인 기술이다. 멈춤과 기다림, 그리고 상대의 위치를 조용히 살피고 다가오는 공의 궤적과 구질을 살펴야 한다. 그 후 자신이 하고자 하는 발리의 길이와 강도를 결정짓는 테니스의 멋진 기술이다.

성상 발리의 기본은 쇼트(Short)인가요?

준범 먼저 쇼트와 드롭 샷(Drop Shot)의 차이점을 아는 것이 중요해요.

성상 두 가지는 다른 샷인가요? 그렇다면 다음 장에서 두 샷의 차이에 대해서 먼저 다루어 보죠.

2-8 작용·반작용(Opposite Force)

쇼트(Short)와 드롭 샷(Drop Shot)은 샷의 목적에 따라 구분된다. 드롭 샷은 결정구(決定球)이고, 쇼트는 유인구(誘引球)이다. 두 샷 모두 대부분 발리로 하지만 스트로크를 사용해서 하기도 한다. 주로 상대가 물러나 있을 때, 네트 앞에 공을 짧게 떨어뜨리는 것을 말한다. 그러나 드롭 샷의 목적은 주로 포인트를 따는 데 있다. 상대방이 거의 칠 수 없는 곳, 네트에 가까운 곳에 공을 떨어뜨리는 것이 드롭 샷(Drop Shot)이다. 쇼트(Short)는 공을 짧게 주어서 상대방을 내게 가깝게 끌어들이는 것을 목적으로 한다.

서브를 넣고 네트에 접근하면서 첫 발리는 될 수 있는 대로 길게 하게 된다. 긴 발리, 중간 발리, 그리고 짧은 발리의 기술을 BIOMEC(생체역학)의 관점에서 알아보자. 이 책의 기술 부분을 읽을 때 BIOMEC(생체역학)을 완전히 이해하고 읽으면 아름다운 테니스에 더 가까이 가게 되는 즐거움이 있으므로 약간 귀찮더라도 꼭 BIOMEC(생체역학)을 기본으로 머리에 두고 읽기를 바란다. 발리는 여섯 가지의 BIOMEC(생체역학) 요소 중 세 번째, 박력(Opposite Force)을 사용하는 기술이다. 발로 지면을 눌러서(작용해서) 얻은 힘을 임팩트 순간에 공에 반작용의 힘을 전달하는 것이다.

지면을 차고 나가는 힘을 적절하게 사용해야 한다. 그 힘을 가지고 몸으로 블록(Block)한 상태로 라켓에 공을 올려놓고 밀고 나아가는 동작이다. 팔의 스윙 동작으로 이루어지는 기술이 아니다. 주로 몸으로 버티면서 팔로 약간의 스윙을 하게 된다. 반발력을 어떻게 이용해서 치느냐가 발리의 길이를 결정한다. 다시 말하면 발리의 길이는 팔의 스윙으로 결정되는 것이 아니라는 것이다. 길게 치기 위해서 팔을 휘두르면 엉뚱한 샷이 나오는 이유가 이런 BIOMEC(생체역학) 원리 때문이다. 발리를 마치고 준비 자세(Recovery)로 다시 돌아오는 것도 소홀히 해서는 안 된다. 아무리 좋은 발리를 해도 기가 막히게 다시 그 볼을 넘기는 사람들이 있기 때문이다.

성상 볼의 강도와 길이 조절을 실제 몸으로는 어떻게 느끼게 되나요?

준범 보폭의 내딛는 길이 즉, 기저면(基底面)으로 결정되는 것이죠. 지면에서 만들어진 힘을 다리로 끌고 가는 것이죠.

성상 발리의 준비는 백(Back)으로 하나요?

준범 백으로 준비하는 것은 맞지만, 될 수 있는 대로 포로(Forehand Volley) 쳐야 공격적인 발리가 가능하다고 볼 수 있죠.

포핸드(Forehand)

2-9 70%

테니스의 70%는 포핸드라는 말이 있다. (TennisAbstract.com, 테니스 경기 통계 분석 데이터, 2000-2018.) 동호인 경기에서는 더욱 그렇다. 심지어 선수들도 약한 백핸드보다는 강하고 공격적인 볼을 치기 위해서 포핸드로 돌아서 치는 경우를 종종 볼 수 있다. 그만큼 포핸드는 위력적이며 안정적이고 익숙한 샷이다. 그러나 포핸드를 잘 치는 사람은 그리 많지 않다. 33년 테니스를 쳤는데 가장 잘 안되는 것이 포핸드이다. 프로 선수들도 어이없는 실수를 포핸드에서 많이 한다. 왜 그런 일이 생기는 걸까?

동작이 복잡하기 때문이다. 테니스의 샷은 서브를 빼고는 모두 볼을 따라가서 움직이는 볼을 치는 것이지만 특히 포핸드는 변수가 어느 샷보다 많다. 발리나 스매시, 백핸드도 공을 쫓아가서 자리를 잡아야 하는 것은 모두 동일하다. 그러나 포핸드는 테이크백 후, 임팩트 그리고 팔로우스루에 이르는 스윙까지 다른 샷에 비해 동작이 복잡하다. 공에 접근해서 칠 때에도 다양한 스텝에 따라 목적하는 샷을 치기 위해 그에 맞는 스윙을 해야 한다.

그러나 가장 중요한 것은 자신이 어떤 스윙을 하든 라켓이 흔들리면 안 된다는 점이다. 사실 흔들림이 없는 스윙을 하는 것은 힘든 일이다. 볼을 따라가서, 밸런스를 유지해야만 스윙이 흔들리지 않는다. 이렇게 라켓이 흔들리지 않는 스윙을 하기 위해서는 코어(Core)를 단련시키고, BIOMEC(생체역학)을 이해해야 한다.

성상 포핸드에서 이상이 생기는 가장 큰 요인은 무엇인가요?

준범 팔로만 치게 되는 것이죠. 몸통의 회전을 이용할 줄 모르면, 강력함은 물론이고, 정확성도 얻을 수 없고, 대신 테니스 엘보(Tennis Elbow)를 얻게 되죠.

2-10 운동량(Momentum)

포핸드에서 가장 중요한 BIOMEC(생체역학) 요소는 운동량(운동 에너지)이다. 소위 말하는 모멘텀이다. 질량을 가지고 있는 물체가 빠르게 움직이면 갖게 되는 운동 에너지(KE)는 1/2 × 질량(m) × 속력(v)^{2}으로 나타낸다. 왜 이런 물리 공식까지 알아야 할까? 물체가 갖는 에너지를 일할 수 있는 능력이라고 한다. 다시 말하면 우리가 테니스공에 힘을 가해서 테니스공이 날아가게 되면 운동 에너지를 갖게 되며, 다른 물체에 일을 할 수 있게 되는 것이다. 즉, 공에 힘을 주어 공이 움직이면 우리는 공에 일을 한 것이고, 움직이게 된 공은 에너지를 갖게 되고, 이 움직이는 에너지가 또 다른 일을 하게 되는 것이다.

센 공을 치고 싶으면 더 무거운 공을 더 빠르게 움직이게 하면 된다. 테니스에서 공의 무게는 일정하므로 우리는 빠르게 스윙하면 할수록 더욱더 강한 에너지 즉, 우리가 친 공이 더 많은 일을 할 수 있다. 그러므로 빠르게 스윙하는 것은 테니스에서 아주 필수적이다. 같은 공에 50km의 속력을 주었을 때와 100km의 속력을 주었을 때의 운동 에너지는 (10000/2500=4) 4배로 늘어나게 된다, 그러므로 우리는 빠르게 스윙할 수 있어야 보다 강한 볼을 칠 수 있게 된다.

우리는 몸에 특히 팔에 힘을 빼라는 소리를 항상 듣게 된다. 팔에 힘을 주면 줄수록 스윙이 늦어지기 때문이다. 권투에서 전광석화(電光石火, A Flash of Lightning) 같은 주먹으로 KO를 시켰다는 말이 정확히 이 개념이다. 강한 공을 치고 싶으면 힘을 주어 세게 스윙하는 것이 아니라 힘을 빼고 빠르게(번개의 빛과 같이) 스윙해야 한다.

성상 집에서도 빠른 스윙을 익힐 수 있는 훈련법을 소개해 주세요.

준범 라켓을 빠르게 스윙하기 위한 핵심은 라켓의 흔들림을 최소화하는 것이죠. 테이크백 후 라켓을 내릴 때 중력을 이용하면서 라켓 끝에 공을 올려놓고 살며시 공이 흘러 내려오도록 라켓을 내리고 그대로 몸통을 돌려서 팔로 스윙해야 해요. 이때 다치지 않기 위해서 복압 훈련을 하는 것이 필수적이죠. 복압(Core) 훈련은 얼마든지 집에서 세라 밴드로 할 수 있어요. 항아리를 안듯이 힘을 모아 밸런스를 유지하고, 밴드로 견디는 훈련을 해주는 것이죠. 밴드 훈련법은 포핸드, 백핸드 모두 손을 몸통 앞에서 멈춘 후 복압을 느끼는 훈련을 30초씩 10회 반복하면 효과를 볼 수 있어요.

2-11 단단한 자세(Athletic Position)

테니스에서 스냅의 의미는 힘의 방향을 바꾸는 것이다. 예를 들어 포핸드를 칠 때 무릎을 굽혀 낮은 자세를 취하는 까닭은 낮은 볼을 잘 치기 위한 것도 있지만, 스냅을 강하게 하기 위한 목적이 훨씬 크다고 할 수 있다. 즉, 지면에서부터 만들어진 지면 반발력을 회전 운동으로 바꿔서 공의 운동 에너지를 최대로 만들기 위한 것이다.

포핸드를 가장 효율적으로 치기 위해서는 자세를 단단하게 만들어야 하는데 이런 일련의 동작을 단단한 자세(Athletic Position)라고 한다. 이 자세의 목적은 스냅(Snap)을 얻기 위한 것으로, 스냅이란 힘의 방향을 바꾸는 것을 의미한다고 했다. 포핸드에서 스냅이 이루어지는 과정을 알아보자. 먼저. 스플릿 스텝(Split Step)을 한, 후 공을 향하여 이동한다. 무릎을 굽히면서 몸통을 돌린다. 낮아진 몸이 올라오면서 지면 반발력을 골반에 저장한다. 그 힘을 그대로 임팩트(Impact)까지 견디면서 전달하는 과정을 말한다. 결국 몸통 즉, 코어의 힘은 골반에 축적된 에너지에서 나오는 것이다.

골반에 에너지를 축적하기 위해서는 골반을 열어놓아야 한다. 골반은 우리 몸에서 가장 큰 관절이므로 거대한 에너지를 품을 수 있는 것이다. 골반에 축적된 힘을 그대로 간직한 채로 스윙할 때 스냅이 이루어진다고 할 수 있다. 스냅과 관련된 스포츠 중 테니스와 가장 유사한 운동은 권투이다. 지면의 힘을 고관절(股關節)에 모아 순간적으로 폭발시킨다. 관절이 닫혀 있으면 힘을 전달할 수 없다. 그러므로 관절을 활짝 여는 자세를 취해서 힘을 최대한 사용할 수 있는 단단한 자세를 만들어야 한다. 테니스 하기 전에 골반을 여는 제기차기와 뒷발치기 자세로 몸을 단단하게 하면 좋다. 단단한 자세(Athletic Position)를 통하여 포핸드가 이루어질 때 강한 스냅이 만들어지면서 정확한 아름다운 포핸드를 완성할 수 있다.

성상 그렇다면 손목을 사용하는 것은 스냅이라고 부르지 않나요?

준범 좁은 의미에서 스냅이라 할 수 있고 주로 끊어 주는 힘을 사용한다고 볼 수 있죠.

성상 골반에 에너지가 축적된 것을 어떻게 느낄 수 있나요? 단지 마음으로 생각하는 것인가요?

준범 가장 높게 점프할 수 있을 정도로 무릎을 굽혔을 때가 골반에 에너지가 가장 많이 축적되었다고 할 수 있죠. 단단한 자세는 포핸드뿐만 아니라 서브에서도 가장 중요한 자세 중 하나라고 할 수 있어요. 무릎 관절에 이상이 없다면 깊숙하게 무릎을 굽혀 주면서 에너지를 모아야 강한 서브를 넣을 수 있지요.

2-12 운동 사슬(Kinetic Chain)

단단한 자세에서는 스냅 즉, 힘의 방향이 바뀌는 순서를 알아보았다면, 이번 운동 사슬에서는 구체적으로 그 과정이 어떤 신체 활동 과정을 통해서 힘의 방향이 바뀌는지 아는 것이 필요하다. 운동 사슬(Kinetic Chain)이란 인체에서는 발에서 시작된 힘이 다리, 몸통, 어깨, 팔을 거쳐 손으로 전달되는 것처럼, 여러 관절이 순차적으로 협력하여 하나의 운동을 완성하는 것을 말한다. BIOMEC(생체역학) 가운데 협응 사슬(Coordination Chain)이란 운동 사슬의 일부분을 말한다. 협응 사슬은 운동 사슬이 어떻게 구체적으로 작동하는지를 알려 준다. 운동 사슬에 대한 이해를 통해서 포핸드에서 리듬과 타이밍을 더욱더 정확하게 잡는 법을 알 수 있다.

지면 반발력(Ground Reaction Forces)을 최대로 활용하기 위해서 포핸드에서 두 발의 뒤꿈치를 모두 들어야 한다. 발꿈치를 들 때, 테니스공을 발로 누르면 살며시 공의 압력을 느낄 정도로 들면 된다. 키네틱 체인이 바닥에서부터 작동하기 위해서는 역순으로 내려가야 한다. 이때 항상 3가지 포인트가 함께 작동해야 한다. 라켓 끝, 손목, 어깨 → 손목, 어깨, 허리 → 어깨, 허리, 무릎 → 허리, 무릎, 발목 → 무릎, 발목, 발가락. 잠수하듯이 이런 순서로 내려간다. 키네틱 체인은 잠

수 후 물에서 올라오듯이 작동시켜야 한다. 이때 중요한 것은 코어(Core)의 버티는 힘을 잘 유지해야 한다는 것이다. 뒤꿈치가 들린 발목은 동시에 틀어 주고, 무릎을 거쳐 허리, 어깨, 팔꿈치, 손목 끝으로 라켓에 힘을 전달하도록 한다.

포핸드 스윙 과정 중 우리 몸의 근육의 탄성 에너지(Elastic Energy) 특히 코어의 힘으로 강한 볼을 제어할 수 있어야 한다. 모든 샷을 치고 나서 밸런스를 유지하고 빨리 준비 자세(Recovery Position)로 돌아오려면, 힘을 절제해야 한다.

성상 협응 사슬(Coordination Chain)과 운동 사슬(Kinetic Chain)을 혼용해서 사용하고 있는데 같은 개념인가요?

준범 세 포인트가 하나의 세트로 움직이는데, 전체의 움직임을 운동 사슬(Kinetic Chain)이라고 하죠. 전체 운동 사슬 중 일부를 협응 사슬이라고 하죠. 운동 사슬의 구성 요소가 협응 사슬인 것이죠.

성상 단단한 자세(Athletic Position)와 운동 사슬(Kinetic Chain)은 같은 개념인가요?

준범 운동 사슬이 협응 사슬을 통해서 가장 효율적으로 이룰 수 있는 몸의 자세를 단단한 자세라고 해요.

성상 정리를 해보면, 균형을 유지한 상태에서 지면 반발력으로부터 얻은 힘을 협응 사슬을 거쳐 골반에 저장된 탄성에너지를 모멘텀으로 바꾸어 관성을 이용해서 보내주는 것이라고 할 수 있겠네요.

2-13 편안한 스윙(Effortless Swing)

테니스를 잘 치는 사람들이 주로 듣는 말은 '어떻게 그렇게 편안하고 쉽게 스윙할 수 있는가?'라는 질문이다. 프로 선수들의 편안한 스윙이나 움직임은 그들의 많은 훈련 때문이라고 할 수 있다. 동호인들도 포핸드 스윙 절차를 잘 알면 편안한 스윙이 가능하다.

스윙이 편하게 이루어지지 않고 불편해 보이는 원인은 처음부터 끝까지 힘을 주거나, 힘을 빼고 치는 것 때문이다. 스윙 속도를 높이기 위해서는 즉, 스윙에 가속을 가하기 위해서는 천천히 움직이는 구간이 있어야 한다. 처음에는 천천히 움직이다가 점점 속도를 붙여야 한다는 것이다. 포핸드의 경우 스플릿 스텝(Split Step)은 천천히, 공을 향한 이동은 빨라야 한다. 테이크백은 천천히, 스윙은 빨리, 다시 스플릿 스텝은 천천히, 이러한 움직임을 통해서 근육의 탄력과 힘의 절제를 유지할 수 있다. 또한 힘을 골반에 축적해 놓을 수 있다. 축적해 놓은 힘을 자연스럽게 사용할 수 있어야 한다. 모든 샷을 칠 때, 특히 가속 구간을 생각하고 스윙해야 한다.

편안한 스윙이라고 해서 목표 지점이 없는 단순한 스윙은 의미가 없다. 목표 지점을 향해서 편안하게 칠 수 있도록 라켓 면을 자신이 목표한 곳에 일직선이 되도록 보여주어야 한다. 라켓 면을 보여 주기 위해서는 볼이 오는 일직선 축에 위치해야 한다.

스윙 시 가속을 발생시키는 곳은 두 곳이다. 하나는 테이크백 후 라켓이 돌아서 들어갈 때, 다른 하나는 골반으로 라켓을 돌릴 때이다. 가속된 라켓으로 공을 치는 타점은 절대적으로 몸 앞 30cm에서 잡도록 한다. 그래야 공에 최대의 운동 에너지가 생성된다. 이런 조건이 충족될 때 스트링이 훅 들어가는 타구감을 느낄 수 있다. 특히 상대방과 일직선으로 반드시 서는 것을 잊어서는 안 된다. 상대가 치는 공을 정확히 파악하기 위해서는 상대와 같은 선상에 있어야만 한다. 그 후 마주 보고 있는 상대가 친 공의 궤적을 파악하고 스윙할 수 있는 앞과 옆 공간을 확보한 후에 상대에게 스트링을 보이고 아름다운 스윙을 할 수 있는 것이다.

성상 스트링을 보인다는 것(Showing the String)은 구체적으로 어떻게 하는 것인가요?

준범 스윙 과정 중에서 테이크백 후 라켓이 돌아 나올 때 상대에게 라켓의 테를 보이지 않고 면을 보이는 걸 말하죠. 공을 더욱 두껍게 맞히고, 강하고 정확한 샷을 위한 동작이지요.

2-14 샷(Shot)의 종류

보통 포핸드를 칠 때 공의 높이에 따라서 3가지 종류의 샷을 치게 된다. 어깨와 무릎을 기준으로 샷의 종류를 선택해서 쳐야 한다. 무릎 아래는 점프하면서 왼발 앞으로 내딛고 스윙하고, 무릎 위에서 어깨까지는 오른발을 앞으로 나아가면서, 어깨 위의 볼은 오픈스탠스로 포핸드를 쳐야 한다. 될 수 있는 대로 클로즈드스탠스(Closed Stance)로 치지만 어깨보다 높은 볼은 무조건 오픈스탠스(Open Stance)로 쳐야 너무 뒤로 물러나지 않으면서 다음 공을 준비할 수 있는 준비 자세(Recovery)를 할 수 있게 된다.

길게 공이 와서 자신의 앞에 떨어지는 공은 테이크백(Take Back) 없이 아주 작게 스윙해야 한다. 이런 공은 스윙할 때 코어에 가깝게 스윙해야 한다. 이때 뉴트럴 스탠스(Neutral Stance)로 최대한 넓게 잡는다. 거의 모든 공을 코어에 붙여서 처리하는 대표적인 선수로는 테일러 프리츠(Taylor Fritz)와 이가 시비옹텍(Iga Natalia Świątek)이 있다. 그런 스윙이 나온 이유는 그들의 웨스턴 그립으로 인한 것이다. 이론상으로는 공을 몸과 먼 거리에다 놓고 쳐야 더 강한 샷을 칠 수 있으나, 몸에 붙는 샷의 경우는 코어의 힘으로 몸통 회전으로 스윙해야 한다. 아주 낮은 볼을 처리할 때는 무릎을 최대한 낮추고 아래에서 위로 스윙한다. 코어를 단단히 유지하고 스탠스를 넓게 벌려야 허리에 통증을 덜 느낀다.

코어의 압력을 유지하다 숨을 내쉬면서 한 번에 터뜨려야 한다. 우리 몸에서 코어는 등, 복부, 엉덩이, 골반 부위의 중심 근육들을 통칭하며, 몸의 무게중심을 지탱하고 균형과 안정성을 유지하는 핵심적인 역할을 한다. 포핸드 스트로크에서 가장 주의해야 하는 것은 코어가 축의 역할을 하면서 똑바로 유지되는 것이다. 밸런스 유지는 코어의 버티는 힘 없이는 불가능하기 때문이다. 그래서 임팩트와 함께 숨을 내쉬고 몸에 힘을 빼고, 릴렉스하게 만들어야 다음 공을 칠 때 코어를 유지하는 힘을 배에 줄 수 있다. 항상 힘을 주는 것은 불가능한 일이고 언제나 똑같은 힘을 코어에 줄 수는 없기 때문에, 임팩트와 함께 숨을 내쉬면서 다음 샷을 준비해야 한다. 공을 따라 이동할 때 상대를 정면으로 볼 수 있는 중립적인 스탠스를 최대한 유지할 수 있는 스텝으로 이동한다. 이렇게 해야만 코어를 안정적으로 사용할 수 있게 된다.

특히 서브 역시 상당히 몸과 가까이 있는 공을 처리하는 샷이므로 코어에 가깝게 스윙해서 정확성과 강력한 힘을 함께 유지해야 한다. 또 다른 예로 효과적인 몸통 사용을 통해서 스핀 서브를 할 경우 왼쪽 어깨를 최대한 돌려놓아야 몸통을 충분히 사용하게 되는 것이다.

성상 공을 따라 이동할 때 상대를 볼 수 있는 스탠스를 최대한 유지해야 코어가 안정되는 이유는 무엇인가요?

준범 자동차 기어의 중립과 같은 상태이죠, 전진 후진이 가능한 상태를 유지하는 것을 말하죠.

성상 상대를 주시하고 있으면, 예상하고 미리 몸을 돌리는 불필요한 동작을 하지 않을 수 있다는 말이군요.

준범 맞아요, 보통 동호인들의 경우 너무 포핸드를 치려고 작정하는 동작들이 생기거든요. 여유가 있을 때는 돌아서 칠 수 있지만 그런 경우는 잘 생기지 않거든요. 백핸드 쪽으로 오는 공은 백핸드로 치는 것에 익숙해지는 것이 멀리 보면 더 유익이라는 생각이 들어요.

2-15 아름다운(Exquisite) 스윙

편안하고 강하며, 정교하고 아름다운(Exquisite) 포핸드를 칠 수 있는 스윙 절차를 더 구체적으로 알아보기로 한다. 많은 이들이 호흡법에 대해서 말할 때 내쉬는 호흡(Exhale)으로 인해 몸에 힘을 빼고 부드럽고 빠른 스윙을 해야 한다고 말한다. 그러나 구체적으로 어디에 힘을 빼야 하는지 몰라서 단순히 몸을 축 늘어뜨리려고 한다. 이제까지 알아본 것같이 포핸드에서 중요한 것은 코어(Core)이다. 코어, 정확하게 말해서 코어의 중심이 되는 배꼽의 아래 단전의 힘을 빼고서 스윙하면 코어가 무너지고, 그로 인해 몸의 축이 무너지면서 강하고 정확한 샷을 할 수 없게 된다. 이 글에서는 어떻게 단단한 코어를 만들면서 스윙을 할 수 있는지 알아보자.

공이 상대방의 라켓에 맞을 때 스플릿 스텝(Split Step)을 하면서 숨을 내쉰다. 테니스에서 거의 모든 호흡은 복식 호흡이다. 우리가 일상생활에서 흔히 하는 호흡법이다. 복식 호흡은 숨을 들이쉴 때 아랫배가 부풀고 내쉴 때 가라앉는 호흡법으로, 횡격막을 이용하여 폐를 충분히 사용하는 호흡이다. 경기할 때도 연습과 같이 코로 들이쉬고 입으로 뱉는다. 숨을 들이쉬면 자연스럽게 복압을 느낄 수 있다. 복압을 느끼기 시작하는 지점에서 숨을 멈춘다. 다시 말하면 배가 단단하게 느껴질 때이다. 테이크백은 자신이 원하는 형태로 한다. 손목의 높이를 그대로 유지하면서 골반을 돌리면서 라켓을 떨어뜨린다. 이때 손목을 사용하여 루프 스윙(Loop Swing)이 나오지 않도록, 스텔스 비행기처럼 조용하고 부드럽고 흔들림이 없이 라켓을 조용히 내린다. 몸통이 앞으로 기우는 것 즉, 축이 무너지는 것을 복압으로 제어하면서 스윙한다. 스윙의 속도에 맞게 숨을 내쉰다. 숨을 내뱉을 때 입으로 조금씩 내뱉고, 그로 인해 몸의 유연성을 유지하도록 해야 한다. 테니스 선수들의 내뱉는 숨소리는 간혹 기합 소리나 괴성으로 들릴 때도 있다.

위에서 말한 과정을 간단하고 쉽게 정리하면 다음과 같다. 상대가 공을 침과 동시에 숨을 내쉬면서 스플릿 스텝을 한다. 공을 향해서 이동하면서 숨을 들이쉬며, 호흡을 테이크백과 동시에 멈춘다. 복압을 느낀 상태에서 스윙해서 코어가 무너지지 않게 하고, 숨을 내뱉으면서 스윙을 마친다. 아름다운 스윙을 하기 위해서 가장 중요한 것은, 스윙에 맞추어 호흡하는 것이 아니라 호흡에 맞추어 스윙하는 것이다. 자연스럽게 호흡이 이루어지는 과정에서 지치지 않고 정확한 스윙을 계속할 수 있게 된다. 스플릿 스텝을 하면서 상대가 공을 칠 때 숨을 내뱉고, 내가 공을 칠 때 숨을 내뱉는다.

성상 몸통이 앞으로 기우는 것을 복압으로 제어하면서 스윙한다고 했는데 보통 오른발이 따라 들어가면 몸통은 항상 앞으로 이동하게 되는 것과 모순이 되지 않나요?

준범 비록 몸이 이동하지만 몸통이 회전할 때는 축이 흔들리지 않고 이루어지는 임팩트를 말하는 것이죠. 축의 직선 운동과 회전 운동이 동시에 이루어지는 것을 말하는 것이죠.

2-16 정확성(Accuracy)

강한 포핸드를 가지고 있어도 정확성이 없다면 시합에서 이길 수 없다. 어떻게 강함과 정확성을 확보할 것인가에 대해서 알아보자.

테니스의 포핸드 샷은 포를 쏘는 것과 같다. 그러므로 강한 볼을 치겠다는 생각 이전에 정확하게 조준해야 한다. 정확한 조준을 위해서는 최대한 공에 가까이 접근해야 한다. 포핸드 준비 자세는 화투나 카드로 셔플(Card Shuffle/Shuffling) 즉, 아래쪽 카드를 위쪽 카드에 넣어 위의 카드가 아래로 이동하는 것 같은 이미지를 가지고 해야 한다. 몸을 낮추고 다리, 배, 그리고 어깨 순으로 카드를 아래로 내리는 느낌으로 몸을 점차 한 단계씩 낮추어야 한다. 이때 골반에 에너지를 가득 충전시켜야 한다. 가장 높이 뛸 수 있을 만큼 무릎을 굽혀서 에너지를 충전시켜야 한다. 이 에너지를 이용해야 강하면서도 정확한 스윙을 할 수 있다.

스윙할 때 상대가 보낸 공의 속도에 맞추어 스윙해야 한다. 길게 코너로 서서히 오는 공을 빨리 따라가서 빨리 치지 말고 내게 다가온 속도 그대로 여유 있게 보내주어야 자신이 조준한 곳으로 보낼 수 있다. 당연한 이야기지만 빨리 오는 공에 대해서는 빠른 스윙으로 대처해야 한다. 결국 상대방이

친 공의 궤적과 속도에 맞추어서 스윙해야 한다.

시합 중에 상대의 공에 계속 끌려다니는 경우가 있고, 상대의 빌드업(Build Up) 공에 하염없이 당하기도 한다. 그것은 먼저 공격하지 못하고 기다리다 그런 일이 일어난다. 그러므로 첫 스윙을 빨리 해서 보내고 돌아오는 3구에서는 스윙 스피드를 높여서 공격해야 한다. 끌려다니지 않기 위해서 먼저 공격하는 것이 중요하다. 몸통을 코일링(Coiling) 시킬 때 라켓을 오른쪽 어깨 앞쪽에 가까이 둔다. 그곳이 타점이 되면서 축이 돌아갈 때 회전 속도를 높여 가속도를 높일 수가 있다. 또한 임팩트가 될 때 복근으로 받치는 느낌이 들도록 해야 공에 체중이 무겁게 실린다. 이런 과정을 통해서 정확하면서도 강한 포핸드를 구사할 수 있다.

성상 사실 몸을 돌리는 방법을 알고 있어도, 시합에서는 팔로 넘기기에 급급한데 어떻게 자신이 알고 있는 것을 실행할 수 있을까요?

준범 대부분 위에서 설명한 과정을 실행할 수 없는 것은 상대방의 공을 너무 늦게 보기 때문이죠. 상대의 공을 바운드되는 곳에서부터 보기 때문이죠. 그러므로 상대가 공을 임팩트하는 순간부터 공의 궤적을 보아야 해요. 그래서 상대의 공이 바운드될 때는 자신의 테이크백(Takeback)이 끝나고, 스윙을 시작할 수 있도록 하는 연습이 꼭 필요하죠.

2-17 시선

포핸드를 치기 위해 무릎을 굽히면서 몸을 낮출 때, 천천히 일정한 속도로 내려가야 골반에 힘을 모을 수 있다. 다른 방향으로 몸이 돌지 않고 그대로 물속에 가라앉으면서 내려간다는 느낌이 중요하다. 공을 스트로크로 보낼 때 가상의 정사각형을 네트 위에 그려야 한다. 한 변이 2m인 정사각형을 네트 위에 상정해야 한다. 사각형 안에 넣어야만 네트에 걸리지 않고 베이스라인 안쪽으로 떨어뜨릴 수 있다. 이것은 선수들은 누구나 생각하고 치는 기본 이론이다.

어프로치 샷(Approach Shot)과 보내주는 샷을 구분해서 쳐야 한다. 짧고 낮게 떨어진 볼은 무릎을 낮추고 오른발로 점프해서 오른발로 착지한다. 어깨높이의 볼은 오른발이 앞으로 전진하면서 착지한다. 어깨보다 높은 볼은 오픈스탠스(Open Stance)로 치고 왼발로 착지한다. 이때 공을 치면서 로보캅(RoboCop) 눈이 되지 않도록 한다. 눈이 일자로 돌아가면 몸이 뻣뻣하게 움직이게 된다. 눈이 무한 기호(∞), 렘니스케이트(Lemniscate)처럼 움직여야 공을 칠 수 있는 공간을 확보할 수 있다.

공을 치고 나서는 항상 자신의 정면이 상대방을 향해서 따라가야 한다는 것을 잊으면 안 된다. 공을 보낸 방향과 상대의 위치가 일치하면 몸을 움직일 필요가 없지만, 공을 보낸 방향과 상대의 위치가 일치하지 않을 때는 공을 보낸 방향으로 몸이 흐르지 않도록 한다. 즉 항상 상대와 일자로 서도록 한다. 복식 경기에서는 네트 앞에 선 상대의 어깨높이로 강한 공을 보내준다. 슬라이스보다는 바운드가 큰 공이 내게 오도록 해서 다음 공을 준비한다. 임팩트할 때 프레임보다는 스트링에 먼저 맞도록 한다. 스윙과 움직임을 최대한 작게 가지고 간다.

성상 로보캅 눈이란 어떤 눈인가요?

준범 공의 궤적을 직선적으로 평면에서 추적하는 눈을 말해요. 공의 궤적을 입체적으로 추적해야 공을 정확하게 칠 수 있어요.

성상 공을 직선적으로 보는 것과 입체적으로 보는 것의 차이점은 무엇인가요?

준범 동호인들 대부분은 공을 넘기기 위해서 정확하게 힘이 실린 임팩트만을 잘하려고 해요. 그러나 공의 궤적을 살펴보면 대부분 포물선 모양을 날아오면서 그 높이와 빠르기가 다 달라요. 이것을 볼 수 있어야 한다는 말입니다.

성상 한마디로 공에 따라서 입체적으로 적절한 스윙 공간을 확보해야만 정확한 임팩트가 가능하다는 말이군요.

준범 맞아요. 쉽게 말해서 임팩트 이전에 임팩트를 가능하게 하는 조건들을 충족시켜야 한다는 것이죠.

2-18 기본 이론

포핸드 스윙에서 주의해야 하는 10가지를 정리하면 아래와 같다.

1. 상대 선수와 정면으로 마주 보기. (Face your opponent.)
2. 상대가 공을 칠 때 호흡을 내쉬면서 스플릿 스텝 하기. (Exhaling, perform a split step when your opponent hits the ball.)
3. 숨을 들이쉬면서, 상대가 공을 치자마자 공의 궤적 따라가기. (Inhaling, track the ball's trajectory immediately after your opponent hits it.)
4. 스트로크를 위한 공간 확보하기. (Create space for your stroke.)
5. 호흡을 멈추고 너무 크지 않은 백스윙하기. (Take a backswing that isn't too large.)
6. 중력을 느끼며 탭독 하기. (Feel gravity as you do tap dog.)
7. 복압을 느낀 상태에서 오른발로 골반을 회전시키기. (Feeling abdominal pressure Rotate your hips with your right foot.)
8. 오른발 뒤꿈치를 들어 지면에서 에너지를 얻기. (Lift

your right heel to gain energy from the ground.)

9. 공이 네트를 넘을 때까지 임팩트 위치를 주시하기. (Keep your eyes on the impact point until the ball clears the net)
10. 팔로우스루 후 상대방을 마주 보기. (Face your opponent after the follow-through.)

한 손 백핸드

2-19 한 손 백핸드

한 손 백핸드를 사용하든, 두 손 백핸드를 사용하든지 자신의 주도하는 눈을 확인하는 것이 중요하다. 이것은 포핸드도 마찬가지이지만 백핸드에서 더 중요한 역할을 한다. 백핸드의 경우 어깨로 가려지는 시야의 범위가 더 좁기 때문이다. 주도적인 눈의 중요성은 사격할 때 아무도 두 눈을 모두 뜨고 조준하지 않는다는 것에서 알 수 있다. 사격에서 주시안으로 조준하는 것과 같은 원리이다. 그러므로 공을 칠 때에도 막연하게 공을 바라보지 말고 자신의 주시안으로 공을 보는 연습을 하는 것이 필요하다.

두 눈으로 사물을 보지만 사물의 정확한 위치 파악은 한 눈으로 한다. 그 눈을 주도 눈이라 한다. 그러므로 임팩트 순간에 두 눈으로 공을 보는 것이 아니라 한 눈으로 의도적으로 보아야 정확히 임팩트를 할 수 있다. 또한 임팩트 순간에 시선이 고정되는 것이 항상 중요하다. 그래서 주시안을 사용하여 정확하게 임팩트할 수 있어야 한다.

한 손 백핸드의 그립은 이스턴 그립(Eastern Grip)을 주로 사용하거나 컨티넨탈(Continental) 쪽으로 약간 돌려 잡는 것이 좋다. 두 손 백핸드 그립은 두 손을 꼭 붙이고 모두 이스턴 그립을 잡는다. 포핸드와 백핸드의 그립이 극단적으로 달라지는 그립의 변화는 자연스러운 것이 아니다.

다시 한번 정리해 보면, 주시안(Dominant Eye)을 확인하고, 왼쪽 눈일 경우 백핸드는 너무 크로즈드(Closed Stance)로 잡지 않는다. 뉴트럴(Neutral)이나 약간 오픈으로 잡아서 왼쪽 눈의 시야를 넓게 잡아준다. 공의 궤적을 추적하기 위해서 고개를 너무 숙여서는 안 된다. 왼쪽 어깨는 임팩트까지 따라 나오도록 하고, 임팩트 후에는 완전히 오른손을 늘려서(Extend) 스트레이트 암(Arm)으로 올려 친다. 테이크백을 하면서 어깨를 뒤로 뺄 때 어깨뼈에 걸리지 않도록 라운드 스윙이 되도록 돌려서 뺀다. 왜냐하면 직선으로 뺄 경우, 회전 운동이 어렵다. 스핀을 걸기 위해서는 라켓을 공보다 아래에서 출발시킨다. 포핸드와는 다르게 공에 밀렸을 때 왼쪽 어깨를 사용하여 골반의 회전을 도울 수 있다.

성상 한 손 백핸드 스윙에서 저는 주시안을 강조했는데 감독님의 경우 무엇을 강조하나요?

준범 주시안도 중요하지만, 포핸드와 마찬가지로 몸통의 움직임을 사용한 단단한 자세(Athletic Position)를 갖추는 것이 가장 중요하다고 할 수 있어요.

성상 BIOMEC(생체역학) 원리를 적용해서 한 손 백핸드 스윙을 하라는 말이군요.

오버헤드와 서브

2-20 오버헤드(Over Head)

오버헤드는 공을 머리 위에서 처리하는 샷을 말한다. 스매시(Smash)는 강력하게 공을 꽂아 넣는 공격 기술이다. 엄밀하게 말하면 둘은 다른 기술이지만, 일반적으로 혼용된다. 그러나 결정적인 샷을 칠 때, 우리는 스매시(Smash)라고 하지 오버헤드(Overhead)라고 말하지 않는다. 그것은 스매시가 가지고 있는 '박살 내다'라는 의미 때문이다. 보통 서브 동작에서 트로피 전 동작이 생략된 동작을 오버헤드라고 말하지만, 둘 사이에는 커다란 차이가 있다. 서브는 제자리에서 하고 오버헤드는 움직이면서 한다는 것이다.

서브는 자신의 손으로 토스(Toss)를 하지만 오버헤드는 상대편이 친 멀고 높은 궤적의 공을 처리해야 한다. 또 다른 점은 서브나 오버헤드를 할 경우, 네트가 검은 천으로 가려져 있어서 네트를 통해서 건너편 코트를 볼 수 없다고 가정할 때, 네트 너머로 베이스라인이 보이느냐 여부이다. 스매시의 경우에는 보통 네트 건너편 서비스 라인까지 보이는 경우가 대부분이다. 오버헤드는 서비스 라인과 베이스라인 사이에서 샷이 이루어지므로 대부분 베이스라인을 보고 칠 수 있다. 그러나 서브는 상대 코트의 서비스 라인은 물론 베이스 라인도 보이지 않는 위치에서 친다. 그러므로 오버헤드는 확률적으로 서브보다 훨씬 성공률이 높은 샷이라고 할 수 있다. 그러므로 오버헤드의 경우 라켓을 올리면서 높은 것을 치는 것이 아니라 내려오는 공을 짧게 찍어 준다. 공을 따라서 뒤로 이동할 때 발끝이 뒤쪽을 보면서 이동한다. 먼 거리를 이동할 경우, 크로스 스텝(Cross Step)을 사용하고, 따라가야 하는 거리가 가까울 경우, 사이드 스텝(Side Step)을 사용한다.

오버헤드나 스매시에서 정확하고 강한 공을 치기 위해서는 우리 몸이 4개의 큐브(Cube)로 이루어져 있다고 생각해야 한다. 사실 우리의 몸은 커다란 두 개의 관절에 의해서 세 부분으로 나누어져 있다. 두 개의 관절은 무릎과 고관절이다. 우리 몸을 큐브 3층으로 나누어 옆으로만 돌리는 것을 상상하면 된다. 먼저 발은 될 수 있는 대로 클로즈드스탠스(Closed Stance)를 잡아야 한다. 발에서 무릎까지 첫 큐브 1단을 만들 수 있다. 다음은 무릎에서 고관절까지 큐브 2단, 복부에서 머리까지 큐브 3단을 만든다. 스윙은 왼발을 앞으로 내딛고 맨 아래 단 큐브부터 돌리기 시작하여 라켓 스트링의 정면으로 공을 맞힌다. 이러한 과정을 거치면, 스매시의 멋있는 소리가 저절로 나면서 자신이 원하는 곳에 공을 보낼 수 있다.

머리 위에서 형성되는 4단 큐브를 상상하면서 공을 처리하기 위해서는 왼손과 오른발이 사선으로 힘을 전달할 수 있는 위치를 만든다. 이런 위치를 만들 때는 수학 기호 루트(√, Root)를 상상한다. 루트 기호의 앞에서 공의 타점을 잡고 친다. 멋진 오버헤드나 네트 앞에서 강력한 스매시를 하고 싶다면, 큐브와 루트를 생각하면서 옆이 아니라 머리 위에서 큐브를 순차적으로 돌려준다. 돌아갔던 큐브의 맨 위층 지점에서 정확히 큐브의 면이 앞을 향하고 라켓의 정면으로 칠 수 있도록 한다.

성상 스트로크(Stroke) 역시 큐브 이론으로 설명되지 않는 건가요? 차이점은 무엇인가요?

준범 오버헤드는 4단, 스트로크는 3단 큐브를 작동시켜야만 강하고 정확한 샷을 칠 수 있어요.

성상 네트 너머로 베이스라인이 보이고, 안 보이는 차이는 무엇인가요?

준범 서브도 스트로크의 일종이라고 할 수 있어요. 우리가 스트로크할 때 바닥에서 바운드 후 올라오는 공을 치는 것과 같은 원리죠. 스윙의 메커니즘이 스트로크와 비슷해요. 그러므로 모든 준비 동작이 바운드 후 올라오는 공을 치는 스트로크 같은 절차를 거쳐야 해요. 서브는 점프로써 타점과 파워를 높이는 과정이라 할 수 있어요.

2-21 서브

서브가 약해서는 동호인이나 프로 선수나 우수한 선수가 되는 것은 불가능하다. 약한 서브로는 절대로 시합에서 이길 수 없기 때문이다. 조코비치는 같은 세르비아(Serbia) 국적인 고란 이바니세비치(Goran Ivanišević)를 코치로 영입해서 상당한 발전을 이루었고, 코코 가우프(Cori Dionne Gauff)는 새로운 서브 코치를 물색 중이다. 동호인도 다르지 않다. 강하면서 정확한 서브 또는 리턴하기 어려운 다양한 구질의 서브를 구사할 수 없다면 승리는 쉽지 않다.

서브에서 가장 중요한 것은 기저면, 지면 반발력과 몸통 회전이다. 좀 더 구체적으로 말하면 몸통 회전을 통해서 얻어지는 라켓의 궤적이다. 공을 멀리 던지기 위해서 45도의 각도로 하늘 향해 던지는 것처럼, 투수가 공을 뿌릴 때 자신의 어깨 너머로 공을 넘기듯이 라켓을 넘겨야 한다는 것이다. 투수처럼 어깨 위로 넘겨야 한다. 라켓이 담을 넘듯이 어깨를 건너가야 한다. 라켓이 뒤에서부터 등을 넘어서 토스 위치까지 크게 넘어가야 한다(Passover). 이 동작은 몸통의 회전을 사용하지 않고는 불가능하다. 강하고 정확한 서브에는 한 가지 중요한 원리가 숨겨져 있다. 바로 협응 사슬(Coordination Chain)이다. 듀스 코트(Duce Court)에서 서브를 넣는다고 가정할 때, 싱글 사이드라인을 기준으로 왼발 끝을 맞추고 오른발은 스케이트보드를 타는 것과 같은 모양을 취한다. 왼쪽 어깨는 건너편 애드 코트(Ad Court)의 더블 사이드라인 끝을 향하고 오른쪽 어깨는 티존(T Zone)을 바라본다. 토스한 왼손을 최대한 오래 유지해서 라켓이 될 수 있는 대로 크게 어깨를 넘어가도록 한다. 토스하기 전 두 발을 발가락과 뒤꿈치를 스케이트보드처럼 롤링하면서 준비한다. 포핸드 스트로크와 동일한 원리로 뒤꿈치를 살짝 들고 발목으로 턴하면서 점프한다. 플랫 서브(Flat Serve)의 경우 라켓 면을 수직으로 유지하고 살짝 손목을 꺾어 놓아 내전(Pronation)을 할 수 있게 준비해 놓는다.

서브의 기본은 몸통 회전이다. 몸통 회전은 포핸드와 같이 협응 사슬(Coordination Chain)을 통해서 이루어진다. 발끝에서 손목까지, 라켓은 어깨너머로 팔의 큰 회전을 이용한다. 이 회전은 코트 바닥에서 힘을 받아서 출발한다.

성상 허리에 통증을 느낄 때, 최대한 허리의 부담을 줄이고 넣는 방법은 슬라이스 서브인가요?

준범 아닙니다. 모든 서브는 허리에 부담을 주지 않아요. 5단계를 거치면서, 가속을 이용하면 허리에 부담을 줄이고 서브 스윙을 할 수 있어요.

1. 허리를 빼 주면서 중심을 오른발에

2. 허리를 세우면서 중심을 왼발에
3. 토스를 올리면서 두 무릎을 굽히고
4. 왼손을 수직으로 들면서 팔을 귀에 붙이고 임팩트
5. 왼발로 착지하면서 오른발로 균형 유지하기

2-22 서브 앤 발리(Serve & Volley)

프로 선수들 경기를 보면 위기에 몰렸을 경우 멋진 서브 에이스(Serve Ace)로 경기를 풀어가는 경우를 본다. 심지어 연이은 4개의 에이스로 한 게임을 쉽게 따낸다. 동호인의 경우 한 게임에서 하나의 에이스를 하기도 쉽지 않다. 그래서 동호인 복식 경기에서는 서브 다음으로 효율적인 서브 앤 발리로 대부분 점수를 낸다. 물론 베이스라인에서 줄곧 스트로크와 로브를 올릴 수도 있으나 서브 앤 발리를 하는 사람을 이기는 것은 쉽지 않다. 그리고 나이가 들수록 뛰어다니는 것이 쉬운 일은 아니다. 네트 앞에서 힘을 덜 들이고 이기는 것이 훨씬 효율적이고 보기에도 좋다.

서브 앤 발리는 발리를 하기 위한 동작이다. 좋은 발리를 하기 위해서는 네트에 최대한 가까이 접근해야 한다. 그러나 너무 앞으로 전진하게 되면 상대의 공을 놓칠 확률이 높아진다. 그래서 스플릿 스텝을 꼭 해야 한다. 네트를 향해서 오다가 상대의 라켓에 공이 임팩트되기 직전, 스플릿 스텝을 하고, 임팩트 순간에는 무조건 두 발이 코트 면에 닿아 있어야 한다. 그러므로 네트에 가까이 가는 것도 좋지만 정확하게 공의 성격을 파악하는 것이 더 중요하다.

또한 상대의 서브가 짧거나 약할 경우, 리턴 앤 발리(Return

& Volley)를 해서 빨리 네트를 점령하도록 해야 한다. 초보자가 하기에는 서브 앤 발리는 어렵다. 그러나 하지 않으면 세월이 갈수록 고생이 심해진다. 그리고 자신의 테니스에 실망하게 된다. 소위 말하는 발리의 감각을 익혀야 한다. 그래서 이 책에서도 테니스 기술 부분의 처음을 포핸드가 아니라 발리를 다루었다. 첫 발리나 다음 발리에서 상대가 로브를 올리면 오버헤드에서 다른 기술을 사용하면 된다.

성상 서브 앤 발리에서 또 염두에 두어야 할 것은 무엇인가요?

준범 어떤 서브를 어디에, 어떻게 할 것인가를 결정해야 해요.

성상 더블 폴트를 걱정하는 마당에 서브 종류를 선택한다는 것은 조금은 심한 것이 아닌가요?

준범 그렇게 생각할 수도 있지만, 뜻이 있는 자에게 길이 있다고, 자신 뜻을 넓고 크게 펼쳐야 길도 그렇게 생기니까요.

성상 그건 그래요. 어중간한 실수보다는 확실한 실수가 더 도움이 되는 것이죠. 한마디로 의도적인 샷을 쳐야 실력이 늘 수 있다는 것이죠.

2-23 이론 적용

BIOMEC(생체역학)은 기술이 아니라 우리 몸의 작동 원리이다. 따라서 BIOMEC(생체역학)을 안다고 테니스 기술이 익혀지는 것은 아니다. BIOMEC(생체역학)을 바탕으로 기술을 사용해야 하는 것이다.

발리에서 가장 중요한 것은 작용 반작용이다. 두 손으로 벽을 밀 때, 힘차게 밀기 위해서는 발로 뒤꿈치를 들고 밀어야 하고, 그때 벽에서 느껴지는 손의 압력이 반작용이다. 결국 손에 느껴지는 그 힘이 공에 임팩트로 가해져야 하는 것이다. 발리와 관련된 BIOMEC(생체역학)의 원리를 알고 있어도 얼마만큼 발꿈치를 들 것인가, 어느 정도의 각도와 스피드로 공에 다가가야 할 것인가는 다른 문제이다. 이것은 많은 연습을 통해서 손과 몸의 감각으로 익혀야 하는 기술이다.

모든 테니스 샷에서 공통된 점은 스윙이 이루어질 수 있는 앞과 옆 공간을 확보하는 것이다. 그라운드 스트로크를 할 때, 공 쪽 방향으로 먼저 발을 내딛고 이동하여 공을 앞에 둘 수 있도록 하고 스윙할 수 있는 옆 공간과 앞 공간을 만들고 정점에서 임팩트한다. 양편으로 이동뿐만 아니라 앞과 뒤로의 이동도 스플릿 스텝과 동시에 결정해야 한다.

오버헤드에서도 중요한 것은 공을 따라서 움직이는 것이

다. 공을 앞에 놓고 뒤에 서는 것이 가장 중요하다. 이런 위치를 잡아야만 BIOMEC(생체역학) 원리를 적용할 수 있다. 이동하면서 앞과 옆 공간을 확보하여 스윙할 수 있는 위치를 잡는 것은 꼭 필요하다. 서브와 다른 점은 왼팔을 마지막에 들어 올리는 것이다.

서브에서 중요한 것은 프로네이션과 위에서 아래로 스윙이 크게 이루어지도록 하는 것이다. 공을 앞에 두고 몸통의 회전을 이용해서 치는 것이 가장 중요하기 때문이다.

성상 TV 해설에서는 포핸드의 인 앤 아웃(In and Out Swing)을 칭찬하던데요?

준범 인 앤 아웃 전에 스윙을 가능하게 하려면 공간을 창출해 내는 것이 더 먼저라고 생각해요.

성상 유튜브를 보면, 서브에서 내전(Pronation)을 아주 많이 강조하는데 감독님은 그렇게 하지 않는 이유는 무엇인가요?

준범 서브는 큰 동작입니다. 커다란 동작에서는 몸통의 사용이 우선이죠. 우리는 간혹 나무는 보는데 숲을 못 보는 경우가 있어요. 테니스에서 대표적인 것이 내전(Pronation)이죠. 이것은 서브라는 숲에서는 작은 나무에 불과해요.

3

테니스 에세이

테니스 클럽 운영

3-1 다툼이 없는 클럽

테니스를 시작해서 테니스의 매력에 빠지게 되면, 테니스가 너무 치고 싶어진다. 그러나 최소 일 년을 열심히 레슨받아야 코치와 웬만한 랠리(Rally)를 할 수 있게 된다. 이렇게 되면 테니스를 칠 수 있는, 적어도 주말에는 시합할 수 있는 테니스 클럽이 필요하게 된다.

이제까지 강서초등학교, 등촌초등학교, 내수동교회, 신월시영, 낙원 새벽, 황금내까지 6개의 클럽에서 공을 쳤다. 현재는 새벽과 황금내 클럽에 속해 있다. 클럽이 5개인 동호인도 보았다. 한 달에 3만 원씩 해서 회비만 15만 원이 든다. 이렇게 여러 개의 클럽에서 활동하는 가장 큰 이유는 언제나 운동할 수 있는 인프라(Infrastructure)를 만들기 위해서다. 다음은 정(情) 때문이다. 한번 들어간 클럽은 해체되지 않는 한 나오기가, 쉽지 않다.

클럽 활동을 하다 보면 종종 클럽에서 퇴출당하는 사람들도 있다. 가장 빈번한 퇴출 이유는 다툼이다. 교과서에는 정치(政治)의 목적이 다수의 행복이라고 말한다. 그러나 그것을 믿는 사람은 아무도 없다. 정치의 목적은 정당의 목적과 같다. 권력의 장악이다. 그래서 그런지 인간이 모인 곳에서는 힘의 대결이 있고, 그로 인한 다툼은 어쩔 수 없는 결과이다. 정말 안타까운 건 아름다운 테니스를 즐기는 것을 뒤로하고 정치판을 벌이는 것이다. 정말 슬픈 일이다. 그러나 17명의 회원이 새벽 클럽 활동을 다툼 없이 12년 동안 이어 왔다. 우리 클럽에서 꼭 지키는 4가지 규정이 있다.

1. 여자 회원은 가입할 수 없다.
2. 라인 콜(Line Calling)은 무조건 셀프 저지(Self Judge)에 따른다.
3. 신입 회원은 1년 동안 회비 없이 테니스장에 나와서 자신의 성실성을 보인다.
4. 모든 결정은 만장일치로 한다.

새벽 클럽은 이 사항을 회칙에 명기하고 있다. 2013년 4월 18일 밴드를 개설하고 회칙을 올린 지 어느덧 12년이 흘렀다. 위의 규정을 지켜온 것이 다툼 없는 테니스 클럽의 노하우(Know-how)이다.

성상 동호인 클럽에서 서로 다투지 않는 방안은 무엇인가요?

준범 최근 경향은 테니스만 치는 클럽이죠. 특별한 모임을 만들지 않고 테니스에만 집중하면 됩니다.

성상 그런 것 같아요. 요즘은 인터넷으로 모이는 테니스 모임도 늘고 있어요.

준범 테니스 클럽은 무조건 친목보다는 테니스를 우선해야 할 것 같아요. 테니스 클럽의 목적은 회원들이 모여서 테니스를 치고 테니스 실력을 향상시키는 것이니까요.

3-2 젊은이와 라떼

테니스 클럽 새벽에서 활동한 지 12년이 되었다. 우리 클럽 회원은 17명이다.

연규명 회장, 문경식, 김병로, 김성상, 채영복 총무, 김경태, 최형인, 김성현, 김태영, 장병도, 추수권, 노창식, 안정호, 김범수, 전어진, 유승엽, 박세진.

회칙을 만들고 정식으로 클럽 활동을 한 것은 2013년부터이다. 60대 4명, 50대 7명, 40대 1명, 30대 3명, 20대 2명, 20대에서 60대까지 모여있는 보기 드문 클럽이다. 우리가 테니스를 치고 있으면 다른 클럽의 60대 회원들이 우리 클럽에 젊은 회원들이 많은 것에 대해 질문한다. 난 그때마다 젊은 친구들과는 영어로 의사소통한다고 말한다. 이 대답은 농담이면서도 진담이다. 보통 60세 넘은 사람들과 20대는 의사소통이 힘들다고 한다. 이유는 라떼('나 때는 말이야'로 시작하는 꼰대 문화) 때문이다. 60대에서는 젊은 세대의 사고 및 행동 방식을 이해할 수 없고, 이해하려고 하지도 않는다. 이것은 같은 땅에 사는 사람들 간의 문화 충격(Cultural Shock)이면서 세대 갈등(Generational Conflict)이다.

해결 방법은 영어로 소통하는 것이다. 영어를 사용할 때 그냥 일반 대화 즉, 학교에서 배운 영어를 사용하면 된다. 우선, 만나면 누구든 먼저 기다리지 않고 자연스럽게 'Hi?' 또는 'Hello?'라고 하면 된다. 젊은 세대이든 기성세대이든 이 간단한 영어가 '라떼 문화'를 허물어 버리는 첫 관문이다. 다음은 젊은 세대가 무엇인가 도움을 주는 행위를 했을 때는 무조건 'Thank you!'라고 말하면 된다. 정말 같은 의미인데 어린 사람들에게 '고마워!'라고 말하는 건 쉽지 않다. 그러나 'Thank you!'는 어렵지 않다. 이 말은 라떼 문화를 허물고 새로운 화합 문화의 장으로 들어가는 길이다. 마지막 단계의 말은 'Like it?'이다. 내가 좋다고 남도 좋은 건 아니다. 심지어 테니스를 가르쳐 줄 때, 음식을 나누어 줄 때, 그리고 테니스 경기를 하고자 할 때도 'Like it?'이라고 물어봐야 한다. 젊은 세대인 Z세대(1997-2012년 출생자)는 아무런 거리낌 없이 'Yes'면 'Yes', 'No'면 'No'이다. 이 간결한 대화에서 깊이 생각할 건 없다. 다만 'Good!'이라고 대답하면 된다. 약간 억양은 달리해서 거절당했을 때는 슬프게, 받아들여졌을 때는 기쁘게 'Good!'이라고 말하면 된다.

왜 이렇게까지 해야 하나? 기성세대를 위해서다. 60대 회원들이 20, 30대 회원들과 공을 칠 때 표정을 보면 알 수 있다. 테니스가 주는 기쁨 플러스, 지나간 자신의 젊음을 다시 누리고 확인하는 그들의 모습은 지상 낙원에서 춤을 추는 모습이다. 어찌하여 'Hi?', 'Thank you!' 'Like it?' 'Good!'이라는 짧고 강력한 영어를 쓰지 않겠는가? 우리 기성세대는 젊은 세대에게 영어로 다가가야 한다. 아주 간단한 영어 그러나 라떼의 벽을 허무는 강력한 영어로 무장을 해야 한다.

젊은 세대와 함께하기 위해서는 거절은 담대하게 받아들이고, 고마움은 간결하게 표현하는 그들의 마인드를 갖고 접근해야 한다.

성상 감독님이 좋아하는 영어 표현이나 단어는?

준범 저는 말보다는 제스처(Body Language)를 주로 사용하죠. 웬만한 표현은 모두 그렇게 표현해요. 단순한 말보다 더 강력한 의미를 전달해 주는 것 같아요. 저는 하이파이브(High Five)를 가장 좋아해요.

3-3 총무 예찬론

테니스 동호회의 꽃은 회장도, 경기 이사도 아닌 총무(總務)다. 총체적으로 힘을 쓰는 사람, 영어로는 매니저(Manager)나 세크러터리(Secretary)라고 부른다. 한마디로 매니저나 비서처럼 앞에 나서지 않고 뒤에서 열심히 일하는 사람을 말한다. 재미있는 것은 동호회에서 총무는 회장으로 가는 필수 코스이다. 총무를 거쳐야 진정한 동호회의 회장이 될 수 있다. 총무는 동호회에서 일어나는 모든 일을 알고 있는 사람이기 때문이다.

총무는 돈을 관리한다. 돈이 있는 곳에 마음이 있다고 했나? 사실 동호회는 돈 없이는 운영될 수 없다. 가장 중요한 코트의 임대 계약부터 모든 행사의 계획과 비용 처리가 총무를 통해서 이루어진다. 회원들이 낸 회비와 특별 격려금 등을 회계 장부에 누적 기록하고 빠진 것 없이 보고하는 것은 정말 어렵다. 그래서 어떤 동호회에서는 총무의 회비를 면제하기도 한다. 얼마나 총무가 동호회에서 중요한 역할을 하는지를 알 수 있는 예라 하겠다.

총무는 회원들을 갈등에서 화합으로 이끈다. 총무의 역할 중 또 하나는 회원들 사이에서 생기는 갈등을 미리 예방하고, 갈등 발생 시 회장이나 회원들이 잘 처리할 수 있는 방향을 제시해 주는 것이다. 회장이나 임원들은 총무처럼 회원들과 깊은 관련을 맺기는 쉽지 않다.

총무는 테니스를 더욱 아름답게 만드는 사람이다. 총무는 아무리 잘해도 본전이다. 어떨 때는 아무리 잘해도 손해를 본다. 그래서 테니스 동호회에서 가장 아름다운 사람이 총무이다. 우리 클럽의 역대 총무는, 김경태, 최형인, 현재 총무 채영복이다.

성상 감독님도 총무 역할을 하신 적이 있나요?

준범 동호회 활동을 해본 적이 없어서, 총무도 해본 적은 없어요.

성상 이럴 때마다 선수 출신인 사람들과 일반인의 차이를 느끼는 것 같아요.

준범 선수의 경우, 선수단이 있잖아요. 더 힘들 수도 있어요.

성상 그곳은 알 수 없는 세계군요.

3-4 테니스인의 직업

테니스를 통해서 정말 다양한 직종의 사람들을 만났다. 여기서 만났다는 것은 함께 테니스를 칠 뿐만 아니라, 식사도 하고 술도 마시고 깊은 대화도 하게 되었다는 것을 의미한다. 테니스 회원들과는 끈끈한 관계가 형성된다. 그로 인한 다툼도 발생하지만 테니스를 치고 나서 차를 마시거나, 밥을 먹거나, 술을 마시면서 친해지게 된다. 학교에서 고학년 아이들을 담임할 때, 특히 남자아이들과 친해지는 가장 단순하며 확실한 방법은 함께 운동장에서 축구를 하면서 땀을 흘리는 것이다.

테니스를 통해서, 단순히 아는 걸 넘어 친해지는 사람들이 늘어난다. 우리 회원 중에는 회사원 특히, 산업 은행 출신들이 제일 많다. 은행 안에서 동호회를 하는 사람들이 우리 클럽에 함께하면서 생긴 결과이다. 다음은 나를 포함해서 교사가 많다. 이렇게 된 이유는 내가 동료 교사들에게 권유해서 우리 클럽에 가입시켰기 때문이다. 공무원, 군인, 경찰 등의 직업이 있다. 또한 개인 사업을 하는 회원들도 있다. 이상이 현재 클럽 새벽의 직업군이다.

내가 맨 처음 속해 있던 테니스 클럽은 70명이 넘었다. 클럽 회원들뿐만 아니라 테니스장에서 함께 운동하면서 다양한 직업을 가진 사람들을 만나게 된다. 헤어디자이너, 운전기사, 교수, 의사, 약사, 변호사, 세무사, 회계사, 기자, 목사 등 다양하다. 내가 만일 테니스를 하지 않았다면 어떻게 이런 다양한 직업을 가진 사람들을 만날 수 있었겠는가?

삶의 다양성은 사람을 지치게도 하지만 활력을 주기도 한다. 나는 회사원과 교사, 두 가지 직업을 경험했지만, 테니스를 통해서 엄청난 사람들과 그들의 삶에 관하여 듣게 되었다. 한마디로 쉬운 일은 없다는 것을 알게 되었다. 많은 직종에 근무한 사람들이 이렇게 열심히 테니스를 치는 이유는 한 가지, 그들 모두 직장에서 많은 스트레스를 받기 때문일 것이다. 모든 걸 잊고, 정신적인 진공 상태를 경험할 수 있는 테니스장에 다양한 직종의 사람들이 모이는 것이 당연하게 느껴진다.

성상 감독님이 만난 특이한 직업의 테니스인은?

준범 검사님! 왠지 무서웠어요. 말도 상당히 권위가 있고 단정적으로 했던 것 같아요.

성상 무슨 잘못한 일이라도 있었나요?

준범 물론, 아니죠.

3-5 전용 테니스장

테니스 동호인이라면 누구나 자신의 클럽 전용 테니스 코트를 갖고 싶어 한다. 그러나 비용 문제로 인하여 그러한 생각을 접게 된다. 설령 클럽 전용 코트를 갖고 있다고 할지라도 그것을 관리하는 것은 또 다른 문제이다. 코트를 유지하는 데는 더 비용이 많이 들 수도 있기 때문이다. 사실 전국 여러 곳을 다녀 보면 서울만 그렇지 대부분의 테니스 코트는 남아돈다. 1시간 정도만 차를 타고 가도 서울 외곽에서 테니스 코트를 어렵지 않게 구할 수 있다. 특히 요즘 테니스 인기가 식어 가고 있기 때문에 따로 동호회 전용 코트를 갖고 있다는 것은 커다란 의미가 없다.

그래도 한번 상상을 해보겠다. 어떻게 클럽 전용 코트를 운영할 것인지. 테니스 동호인들이 치지 않는 시간에 동네 아이들이 왔으면 좋겠다. 아주 어린 아이들부터 중고등학생들까지 시간표를 만들어서 아이들이 와서 치고 또 아이들에게 테니스를 가르칠 수 있는 환경이 무료로 제공되는 것이 내가 그렸던 테니스 동호회 전용 코트에 대한 그림이다. 테니스 지도자 자격증을 따서 테니스를 사람들에게 돈 받고 가르치고 싶을 때도 있었다. 그러나 항상 느끼는 것은 한 사람만 가르쳐도 힘들어서 다음 사람을 사실 가르치기가 힘들다는 것이다. 그래서 전문적으로 돈을 받고 가르친다는 것은 단순한 문제가 아니다. 의무감, 책임감에서 벗어나서 그냥 단순하게 즐겁게 테니스를 칠 수 있는 테니스 동호회 전용 코트가 좋겠다.

거의 20년 전에 우리 회원들이 모여서 얼마씩 돈을 내면 우리를 위한 테니스 코트를 만들 수 있을 것인가라는 생각을 서로 나눈 적 있다. 그러나 요즘 그런 생각을 하지 않는다. 그러기에는 경제적으로도 체력적으로도 여유가 있지 않다. 우리가 40대 때 우리 동호회 회원들은 무엇이든 테니스를 통해서 할 수 있을 것이라는 생각했었다. 테니스 대회에서도 우승해 보고, 우리의 전용 테니스장도 가져 보고, 다른 사람들에게 유익을 주고 싶었다. 이제 60대 중반을 넘어 70대를 향해 가면서 그런 것들은 이룰 수 없다는 것을 자연스럽게 알게 되었다. 아니 테니스장에 걸어 들어가는 것만도 대단한 것이라는 것을 깨닫게 되었다.

적어도 동호회 클럽에서 전용 테니스 코트를 가지려면 장기적인 계획을 세우고 그 계획에 맞춰서 하나하나 실천해 나가야지만 가능하다. 가끔 테니스를 너무 좋아해서 테니스장을 만들고 테니스장 운영을 자신의 직업으로 갖고 사는 사람들을 유튜브에서 본다. 그러나 그들의 삶은 쉽지 않다. 경제적인, 심리적인 압박감 등 여러 가지 운영에 어려운 점을 겪고 있다. 테니스를 좋아하는 것과 테니스 코트를 경영하는 건 완전히 별개의 문제이기 때문인 것 같다. 누군가 젊은 세대 동호인들이 이 글을 읽고 자신들의 테니스 클럽에 전용 테니스 코트 갖기를 원한다면, 지금부터 계획을 세워서 적어도 50대에는 테니스 코트를 가져야 한다. 그래야 10년 동안 전용 테니스 코트의 혜택을 누릴 수 있게 될 것이다. 그리고 어린 세대를 불러 100년을 누리게 하는 것도 가능하다.

성상 전용 테니스장을 갖는다면 어디에, 어떤 규모로 세우고 싶으신가요?

준범 전용 코트를 갖는 것은 꿈이죠. 굳이 꿈을 말하라고 하면, 한남동 정도에 전용 코트를 갖고 싶어요.

성상 실현 가능하다고 생각해요.

준범 어떻게 가능하죠?

성상 감독님의 눈빛이 그렇게 말하는 것 같아요.

준범 고마워요.

테니스 여행

3-6 미원

테니스를 시작하자마자 테니스 코리아 잡지를 구독했다. 여러 가지 기술에 대해 많은 도움을 받았다. 그러나 나의 관심을 가장 끈 내용은 테니스 여행에 관한 것이었다. 테니스 코리아 기자는 여행지에 가서 그곳 테니스 동호회 사람들을 만나고 맛있는 식당과 좋은 숙소를 소개했다.

테니스 구력이 10년 정도 되었을 때, 어디 가서든지 밀리지 않을 것이라는 생각을 갖고 제일 먼저 간 곳은 청주 미원초등학교였다. 동네 분들이 모여서 테니스를 치고 있었다. 그곳에 음료수와 테니스공을 가지고 갔다. 낫소(Nassau) 공이 잘나가던 시절이었다. 서울에서 방학을 맞이하여 테니스 여행을 왔다고 하니 반갑게 맞아 주었다. 함께 테니스를 쳤다. 대성공이었다. 너무 잘 친다는 소리도 듣고, 인상 좋다는 소리도 듣고 많은 칭찬을 받았다. 벌써 20년도 넘은 이야기다. 테니스장을 떠나려 하니 그곳 회원들이 아쉬워했다. 또 20년이 흐르고 그곳에 가보았다. 청주 미원초등학교는 아주 예쁘게 새로 지어져 있었다. 그러나 테니스장은 찾을 수 없었다.

매해 방학 동안에 전국에 있는 대학 테니스장도 돌아다녔다. 특히 방학 기간에 훈련을 열심히 하는 대학 동아리 학생들도 만날 수 있었다. 어린 대학 동아리 친구들을 만나서 함께 훈련도 하고, 같이 게임도 하고 재미있게 놀았던 기억들이 떠오른다. 그러나 요즘 대학은 모두 주차 설비가 되어 있고, 테니스장에 놀러 왔다고 하면 반겨 주지 않는다. 대학 테니스 인심도 점차 식어 가고 있다.

웬만한 지방 종합 운동장 테니스장에 가면 동네 사람들이 넓고 많은 면을 다 채우지 못해서 아직도 반겨 주는 분위기이다. 다만 함께 시합해서 이겨야지 지면 끝이다. 테니스를 오래 쳤다고 하면 회원 중에서 못 치는 사람을 파트너로 정해 준다. 그야말로 서바이벌(Survival)이다.

정말 방학 동안 전국을 다니면서 좋은 사람들과 테니스를 쳤고, 좋은 테니스 코치들도 만났다. 이제는 나이가 들어서 언뜻 아무 테니스장에나 가서 게임 한번 해보자는 말을 할 수 없게 되었다.

성상 가장 기억에 남는 테니스 여행은?

준범 가장 기억에 나는 테니스 여행은 제가 29살 때 한 선배와 태국에 테니스 여행 간 거죠.

성상 특별한 일화라도 있었나요?

준범 아니요, 정말 아무것도 안 하고 테니스만 쳤던 것이 가장 기억에 남아요.

3-7 신도(信島)

영종도 삼목 선착장에서 배로 약 10분 정도 가면 신도가 나온다. 영종도에서 신도 사이에 다리는 놓여 있지만 아직 미개통이다. 우리 클럽은 벌써 세 번째 신도에 있는 포레스트 펜션(Forest Pension)으로 테니스 여행을 다녀왔다. 매년 6월 6일 현충일에 가는데 미리미리 예약해 놓고 회원들도 알아서 시간을 비워 놓는다. 이 여행은 테니스 클럽 새벽의 가장 큰 행사라 할 수 있다.

보통 1박 2일로 테니스 여행을 가는데, 점심 식사는 신도에 도착하는 팀별로 알아서 한다. 그 후 펜션에 모인 회원들은 테니스를 치고, 일부 요리에 재능과 섬김의 정신이 있는 회원들은 저녁을 준비한다. 저녁에는 삼겹살, 오리고기, 회무침, 그리고 김치 참치 찌개 등이 안주로 준비된다. 술로는 맥주, 포도주, 소주, 고량주, 양주, 막걸리 등 다양하게 준비된다. 앞이 훤하게 트여 서해(西海)가 보이는 테니스장에서 거의 밤 11시까지 공을 아무 방해 없이 칠 수 있다. 테니스 동호인들에게 천국과도 같은 곳이다. 테니스를 치고 샤워를 마친 후 술을 마시며 이런저런 이야기를 나눈다. 시간이 흐르면 한 사람씩 돌아가면서 일 년을 회상하는 시간을 갖는다. 이 시간을 통해서 테니스 회원들 간의 친목을 다지게 된다.

다음은 저녁 시간의 하이라이트 노래자랑 순서이다. 모두 한 곡씩 부르고, 가장 잘 부른 사람은 상금을 타게 된다. 상금은 이 코너 순서를 맡은 회원이 기부한다. 새벽 1시가 넘어도 흥이 넘치는 회원들은 기타 치며 노래 부르면서 그야말로 밤을 꼬박 새운다. 다음 날 아침 요리 섬김을 맡은 회원이 준비한 해장국을 먹고, 또 테니스를 치고, 11시경에 숙소를 나온다. 점심은 주로 신도에 있는 '다람쥐 방앗간'이라는 식당에서 다양한 도토리 요리를 먹는다. 자동차를 배에 싣고 가는 낭만이 아직 남아 있어서 좋은데 내년(2026)에는 아마도 차로 다리를 건너서 신도에 갈 것 같다.

작년에 대학생 친구들이 비회원으로 참여했는데 올해는 정식 회원으로 참석했다. 거의 모든 회원 15명 정도가 참여하는 정말 환상적인 행사였다. 누구 한 사람이라도 이런 모임을 싫어하고 그냥 테니스만 치고 싶어 한다면, 이루어질 수 없는 테니스 캠프이다. 쳐도 쳐도 좋은 테니스를 좋아하는 클럽 회원들과 강을 건너고, 바다를 건너 멋진 펜션에 가서 함께 즐긴다는 것은 참으로 좋은 사람들을 만났다는 증거이다. 새로운 신입 회원들과 떠나는 내년 테니스 여행이 벌써 기다려진다.

성상 테니스 훈련 캠프를 전문적으로 운영하시는데, 성공적인 개최를 위한 강조점은 무엇인가요?

준범 카디오(Cardio) 테니스의 도입이라고 생각해요. 움직임의 계속성과 전체성을 파악하며 연속적으로 운동을 하는 것인데. 중요한 점은 전체적인 동선을 파악하고 연속해서 운동하는 것입니다. 좋은 상황(Pleasant Situation)이 아니라 어려운 상황(Ugly Situation)을 만들고 상대방의 움직임에 자신을 맞추어 나가는 일종의 무의식적 모방(Mirroring) 운동이라고 할 수 있죠. 지루하지 않게 실전과 같은 훈련을 연속적으로 하는 것이 성공의 요소라고 봐요.

성상 올해는 어떤 프로그램인가요?

준범 GPTCA-KOREA가 주관하는 ATP 코치 자격증 인증 강습회를 11월 14일에서 16일까지(2박 3일) 용인 명지대에서 성공적으로 마쳤습니다.

성상 수고하셨어요. 강습회를 안전하게 마친 것을 축하해요.

3-8 양구

2025년 9월 30일 새벽 6시 양구로 딸과 테니스 여행을 떠났다. 춘천 가는 고속도로는 88 도로와 연결돼 있다. 정체를 피하려고 우리는 일찍 출발했다. 양구에 9시경 도착했다. 박수근 미술관과 한반도 섬을 구경했다. 호수에는 사람이 없어서 호수의 물결이 음악이 되었고, 박수근 전시관에는 평일 이른 시간인데도 사람들이 많았다. 왜 박수근 작품 배경이 어두운지 이번에 알게 되었다. 그는 우리나라 석탑과 석불의 예찬론자였다. 한마디로 모든 그림을 우리나라에서 나는 돌 위에 표현하고 싶었던 것이었다. 한국적인 질감 위에 자기 생각을 그려 넣은 것이었다. 박수근 작품의 어두운 배경이 항상 이해하기 힘들었는데 이번에 조금 그 이유를 알게 되었다. 65세 이상은 무료입장이어서 혜택을 받았다. 양구는 한반도의 정중앙에 위치한 특성과 청정한 도시라는 이미지를 가지고 있다. 또한 도시 곳곳에 '양구에 오면 10년이 젊어진다'라는 현수막이 붙어있다. 그래서 그런지 운동선수들의 훈련장 겸 경기장이 많이 있다. 양구에서 마침 9월 27-30일까지 2025 S2양구 사과 미디어윌 대학 클럽 축구 대회가 진행되었다.

종합 운동장에 가서 폐회식을 보고 점심을 먹었다. 막국

수, 감자전, 묵무침, 보쌈 등 모든 음식이 청정하고 소화에도 좋았다. 양구 실내 테니스장에서 딸과 김홍주 대학 클럽 축구회장과 함께 테니스를 2시간 동안 쳤다. 공식 시합이 없어서 하드 코트 4면 있는 실내 테니스장에 우리만 있었다. 모든 시설이 완벽했다. 2시간 테니스를 치고 난 느낌은 클레이 코트에서 친 느낌이 있다. 조명도 밝고 모든 시설이 그야말로 청정했다. 숙소로 돌아와 다음 날 일정을 위해 푹 잠을 잤다. 다음 날 아침 6시부터 8시까지 나의 이상형인 돈 많은 여자, 힘센 여자, 피아노 잘 치는 여자인 지선이와 함께 똑같은 장소에서 테니스를 쳤다. 평일 기준 2시간에 만 오천 원(서울 귀뚜라미 실내 테니스장은 2시간에 십이만 원) 시설은 매우 좋았다. 양구에서는 싼 것이 비지떡이 아니라, 싼 것이 보배였다. 지선이와 랠리를 100회 이상 연속으로 하고, 영상도 찍고 숙소로 왔다. 서울로 오는 길에 춘천에서 닭갈비를 맛있게 먹었다. 또 춘천의 명물이 된 삼악산 호수 케이블카도 탔다. 전망이 너무 좋았다. 케이블카 아래로 수상 스키를 즐기는 사람도 볼 수 있었다.

테니스 여행이 어떤 것인지 알게 된 지선이는 다음 테니스 여행에서는 도장 깨기에 도전해 보고 싶다고 했다. 테니스 여행의 백미, 도장 깨기를 지선이와 할 날이 속히 오기를 기다린다.

성상 테니스 여행을 간다면 언제, 어디를 누구와 가고 싶나요?

준범 여자 친구와 4대 그랜드슬램 여행을 다니고 싶어요. 같이 테니스를 치는 여행도 좋지만, 4대 그랜드슬램 관람은 정말 해보고 싶은 저의 일생일대의 버킷 리스트(Bucket List)랍니다.

성상 저는 아직 보는 것보다 치는 것이 좋아요. 왜 그렇죠?

준범 그것이 테니스 동호인들의 가장 대표적인 특징이니 이상하게 생각하지 마세요.

3-9 역전 스코어(Come-from-behind score)

동호인들에게 보통 알려진 역전 스코어는 2:5이다. 주로 2:5로 지고 있는 쪽에서 '역전 스코어'라고 한다. 1993년 테니스를 시작할 당시는 무조건 6:6 타이브레이크(Tiebreak)까지 가서 승부를 냈다. 물론 듀스(Duce)도 매번 적용되었다. 코트 부족 현상과 동호인들의 수가 늘어나면서 동호인들에게 무엇보다 우선적인 것이 공평한 운동량이기 때문에 시합 시간이 짧아졌다. 듀스는 10년 전에 없어지고, 이제는 타이브레이크도 없는 소위 5:5 아름다운 마무리를 하는 동호회도 늘고 있다. 그래서 2:5 역전 스코어의 짜릿함은 없어지고, 5:5가 되면 지던 팀이 승리의 기쁨을 느낀다. 어쨌든 거의 질 뻔한 게임을 무승부로 가지고 간 것은 기쁜 일이다.

그런데 왜 2:5는 역전 스코어가 되었을까? 가장 큰 원인은 방심이다. 계속 3게임을 내준다는 것은 5:2로 이기고 있는 팀에게는 상상할 수 없는 일이다. 또 하나는 상대에 대한 배려이다. 전국대회가 아니고서야 이기고 있는 팀은 2게임 정도는 더 줄 수 있다고 생각한다. 5:4가 된 후에 실력으로 너희들을 6:4로 이겨 줄게 하는 마음이 생기게 된다. 그렇게 되면 운동도 더 할 수 있고 자신의 실력도 과시할 수 있으니 일석이조(一石二鳥)인 것이다. 그러나 4:5가 되면 멘탈이 흔들리게 된다. 그로 인해 5:5로 마무리하게 되는 경우가 많다.

역전을 당하지 않기 위해서는 다른 방법은 없다. 기회가 오면 과감한 공격으로 상대의 추격 의지를 끊어야 한다. 그러나 응원하는 사람들도 있고 긴장하게 되면 또 달라지는 것이 테니스의 재미있는 점이다.

성상 2:5가 역전 스코어라는 말에 동의하나요?

준범 동의해요. 왜냐하면 2와 5는 서로에게 희망의 숫자이거든요. 2점은 이길 수 있다는 희망을, 5는 절대 지지 않는다는 방심을 주는 희망의 숫자이지요.

성상 1:5는 만들어도 절대 2:5는 만들면 안 되겠네요?

준범 맞아요, 베이글 스코어로 질 것을 걱정하면서, 1:5를 어렵게 만들었는데 2:5가 되면 걱정이 희망으로 바뀌니까요. 그래서 이기려면, 희망을 주면 곤란하죠.

성상 역시 테니스장은 정글이군요.

3-10 예절

처음 테니스를 시작했던 1993년에는 테니스장에 들어갈 때 흰옷에 클레이 코트용 신발 그리고 기본적으로 공 한 캔은 가지고 가야 했다. 80, 90년대에는 마치 요즘 윔블던과 같이 격식을 갖춰 대부분 흰색 계열의 옷을 입고 테니스를 쳤다. 그러나 그 당시 동호인들은 풋폴트(Foot Fault)에 무척 관대했다. 어떤 사람은 거의 1m를 네트 쪽으로 들어와서 서브를 넣기도 했었다. 요즘은 동호인 경기에서도 풋폴트를 적용하기 때문에 클럽에서도 그 규정을 어기는 사람은 거의 없다. 그러고 보면 30년 동안 외형적인 면은 자유로워졌고, 내적인 규율은 더 엄해졌다고 볼 수 있다. 아니 규율을 더 잘 지키게 되었다.

33년 동안 코트 예절을 돌아보면 아직도 가장 잘 지켜지지 않는 것이 셀프 저지(Self Judge)이다. 클럽 회원끼리의 경기에서는 무조건 셀프 저지 규정을 따르는 것이 좋다. 그러나 자존심이 걸린 경기를 회원들 간에 할 때도 있고, 내기를 할 경우도 있는데, 그때 정말 과열되고 심하게 다투기도 한다.

예전에는 테니스 클럽마다 경기 이사가 있어서 테니스장에 온 순서대로 운동하는 것이 아니라, 수준별로 코트에 들어가게 했다. 이 문제로도 많은 다툼이 있었다. 테니스 실력이 벼슬인 것이다. 억울하면 코트에 들어갈 기회를 잡았을 때 무조건 이기면 된다. 그러나 그건 쉬운 일이 아니다.

상대를 자극하는 말로 시합 중에 다툼이 일어나기도 한다. 시합 중 대화는 자신의 파트너와만 하는 것이 다툼을 방지하는 길이다. 내가 가장 이해할 수 없는 것은 자신이 실수했을 때 자기 자신에게 하는 비하(卑下, Self-deprecation) 발언이다. 같은 파트너로서 무척 민망하다. 누가 실수하고 싶어서 실수하겠는가? 지나친 자기 비하는 파트너에게도 나쁜 영향을 주기 때문에 자제하는 것이 좋다고 본다.

테니스장에서 예절을 지키지 않고 자존심 싸움을 하다가 동호회가 해체되고 테니스장이 아주 사라지는 경우를 여러 번 목격했다. 참으로 통탄할 일이다. 테니스장, 그 완벽한 해방구에서 잘못된 자존심 싸움으로부터 해방되고 싶다.

성상 테니스장에서 가장 지켜야 할 예절은 무엇인가요?

준범 진로와 시야를 방해하지 않는 것이 가장 중요하다고 생각해요. 시합을 하는 사람이나 시합을 보는 사람들이 꼭 명심해야 할 예절이라고 생각해요. 다른 사람의 영역(Territory)을 침해하지 않는 것을 말하죠.

3-11 단식과 복식

서구 사람들도 복식보다는 단식을 선호한다는 말을 들었다. 사실 나도 50세가 되기 이전에는 복식을 테니스로 인정하지 않았다. 그래서 전국대회도 혼자서 단식으로 2번 나간 적이 있었다. 두 번 다 128드로(Draw)의 전국 규모 대회였다. 예선은 통과했지만 본선 64강에서 두 번 다 졌다. 실력으로도, 체력으로도 불가능하다는 것을 알게 되었다.

복식을 칠 수밖에 없는 상황이 내적, 외적으로 내게 다가왔다. 물론 지금도 전국 단식대회가 꾸준히 열리고 있다. 아직도 능력만 되면 나가고 싶지만, 자신을 알기 때문에 요즘은 복식 대회 경기도 망설이는 것이 현실이다. 테니스를 시작한 지 얼마 되지 않았을 때, 난 단식 파트너가 있었다. 그때는 거의 모든 초등학교에 테니스장이 있었다. 요즘은 정반대이다. 많던 테니스장들은 주차장이나 특별교실, 체육관 등으로 바뀌었다. 초등학교에 테니스장이 있는 학교는 서울에서 거의 찾아보기가 힘들 정도이다. 40대 초반까지 나는 단식 파트너 황소연과 함께 단식을 쳤다, 어느 무더운 여름날, 화곡초등학교에 테니스를 치러 갔다. 우리 외에는 아무도 없었다. 심지어 라인기에 횟가루조차 없었다. 그래서 근처 슈퍼에 가서 식용 밀가루를 사서 라인을 긋고 단식 경기를 했다.

무려 3세트 선승 경기를 몇 시간 동안 했다. 정말 지금은 상상도 못 할 일이다.

요즘도 TV로 중계를 보거나, 직접 경기장에 가서 보아도 복식 경기는 거의 없다. 그래서 US OPEN에서는 올해부터 혼합 복식에서 유명 선수들을 뛸 수 있게 해서 복식의 흥행을 유도했고, 성공적이라고 생각한다. 다만 복식 전문 선수들의 소외 현상이 일어나고 있다. 다행히 2024 혼합 복식 우승 팀인 안드레아 바바소리(Andrea Vavassori), 사라 에라니(Sara Errani) 조가 2025년에도 우승을 했다. 그러나 카스퍼 루드(Casper Ruud)와 이가 시비옹테크(Iga Świątek) 조는 결승에서 타이브레이크까지 가는 접전을 벌였다. 테니스 팬으로서는, 단식 스타 선수들이 복식 경기를 하는 것을 보는 것이 좋다.

성상 단식과 복식 중 어떤 경기를 선호하나요?

준범 물론 단식을 좋아해요. 제가 단식을 좋아하는 것은 성격 탓이라고 생각해요. 복식은 함께 치는 사람과 정말 마음이 하나가 되어서 움직여야 하잖아요. 저는 소위 일본어로 '돗코타이(とっこうたい)'인가 봐요. 무리에 어울리지 않고 혼자 다니거나, 남의 말을 듣지 않고 자기 마음대로 행동하는 사람이란 의미죠.

3-12 테니스 파트너

테니스는 자신보다 잘 치는 사람과 쳐야 한다. 사실 조코비치가 GOAT(Greatest Of All Time, 역대 가장 위대한 선수)가 된 것은 나달과 페더러가 있었기 때문이다. 그 둘을 이기기 위해 새로운 기술과 더 강한 체력을 연마했다. 두 사람으로 인해서 조코비치는 더욱더 강해질 수밖에 없었다. 현재 알카라즈와 시너도 그렇다. 둘이 경쟁하는 동안 다른 선수들이 그 둘의 실력을 따라가는 것은 더욱더 힘들게 되었다.

동호인도 마찬가지이다. 실력이 늘고 싶으면 자신보다 무조건 잘하는 사람하고 테니스를 치는 것이 필수적이다. 그러나 누가 자기보다 못 치는 사람하고 치면서 시간과 체력, 돈을 사용하겠는가? 가장 좋은 방법은 좋은 코치를 만나는 것이다. 그리고 코치를 통해서 자신보다 잘 치는 사람을 소개받는 것이다. 잘 치는 사람을 따라다니는 것은 서로에게 상처를 줄 수 있다. 단순히 인간적인 관계로 테니스를 엮어 나가면 언젠가는 한계를 너무 적나라하게 보게 된다. 자신보다 잘 치는 사람하고 치는 것도 무조건 따라가는 것이 아니라, 안전한 장치를 해서 인간관계는 인간관계로 잘 유지하고, 테니스는 테니스로 풀어가야 한다. 두 가지를 잘 분리할 줄 알면 삶도, 테니스도 놓치지 않고 아름다운 세계로, 더 넓은 테니스의 세계로 나아갈 수 있다.

성상 어떻게 하면 잘 치는 사람과 테니스를 칠 수 있을까요?

준범 잘 치는 사람이 못 치는 사람과 테니스를 치는 이유는 간단해요.

성상 무슨 이유죠? 무척 궁금한데요?

준범 예의가 바른 사람, 진정성이 느껴지는 사람과 잘 치는 사람이 상대해 주죠.

성상 예의가 바른 사람은 어떤 사람인가요?

준범 물을 떠다 줄 때 공손히 떠다 주는 사람을 말해요.

성상 너무한 것 같아요. 물까지 떠다 주어야 하나요?

준범 물론이죠. 그것도 매우 공손히. 인간관계는 참으로 미세하고 섬세해요. 물 한 잔을 마셔도 저 사람이 나를 어떻게 생각하는가를 느낄 수 있고, 자신은 어떤 사람인가를 볼 수 있게 해주니까요.

성상 역시 인간관계는 삶의 필수 요소라서 살면 살수록 더 어렵고, 때론 무섭게도 느껴지는 것 같아요. 앞으로 물을 공손히 떠다 드릴게요.

3-13 접대 테니스

사람들은 접대 테니스를 접대하려는 사람과 같은 편이 되어야 할 수 있는 것으로 알고 있다. 사실은 정반대이다. 진정한 접대 테니스는 상대편이 칠 수 있는 곳에 공을 정확히 주고, 상대가 자신의 실력으로 점수를 따도록 도와주는 것이다. 정말 고수가 아니면 할 수 없는 것이 접대 테니스이다. 상대에게 접대를 당한다는 생각보다는 자신의 실력이 좋다고 생각해서 스스로 만족할 수 있도록 해주어야 한다.

이렇게 힘든 접대 테니스를 왜 해야 할까? 그것은 나이 드신 분들이 젊은이들과 함께 테니스를 치고 싶어 하기 때문이다. 간혹 신체적으로 어려운 분들도 자신보다 활력이 넘치는 사람들과 함께 테니스를 치기를 원하기 때문이다. 이런 분들은 충분한 시간 동안 테니스를 치고, 땀을 흘리고 즐겁게 시간을 보내는 것이 목적이고 이기는 것이 목적이 아니다. 살다 보면 이런 접대 테니스를 해야 할 때가 온다. 그러나 자신이 나이 들어서 접대 테니스를 받게 될 것을 기대하지 않는 게 좋다. 시대가 바뀌고 있기 때문이다. 나의 소중한 시간을 상대의 체력 관리나, 즐거움에 절대로 줄 수 없다고 생각하기 때문이다. 이런 사실을 인정하고 지혜롭게 행동하는 게 필요하다. 그래서 나는 요즘 우리 클럽의 젊은 회원들을 세

뇌(Brain Washing)시키고 있다. 접대 테니스의 중요성에 대해서. '내가 90살 될 때까지 쳐 주라!'

성상 언제 접대 테니스를 해 보셨나요?
준범 기억에 없는데요.
성상 제가 기회를 드릴게요.
준범 그렇다면 제가 노력해 보죠.
성상 언제 우리 클럽 코트에 놀러 와 주세요.
준범 기대가 되네요.

3-14 테니스 경기의 지휘자

오케스트라를 지휘하는 사람은 연주자들의 앞에 있다. 너무나도 당연한 말이다. 단원들은 아름다운 음악 연주를 위해서 자신을 보는 것이 아니라면 지휘자를 바라보아야 한다. 지휘자를 바라보지 않는 연주자는 아마도 연습이 충분히 되어 있지 않거나, 연주하는 것이 싫은 사람일 것이다. 그렇다면 테니스를 지휘하는 사람은 누구일까? 테니스를 치는 자기 자신이라고 생각하기 쉽다. 그러나 지휘자는 내가 아니라 연주자 앞에 즉, 내 앞에 있는 상대방이다.

우리의 상대인 지휘자를 잘 보고 연주(Play)해야 한다. 예를 들어 상대 오른손잡이 전위가 포치(Porch)로 앞에 나왔을 때(그런 지휘를 했을 때) 어깨보다 약간 높은 정도의 공을 백핸드(Backhand) 쪽으로 보내도록 해야 한다. 그 공이 가장 포인트를 딸 확률이 높은 공이 된다. 상대의 포핸드(Forehand) 쪽에 걸리면 여러 가지 기술에 걸리기 쉽기 때문이다. 내가 다운 더 라인(Down the Line)으로 코스를 결정했다면 명상에 들어가야 한다. 다른 모든 생각을 접어두고 시너가 말한 스위치 오프(Switch Off) 상태로 공을 보내주는 것이다. 우리는 이러한 공을 동호인 경기에서도 여러 번 연습할 수 있다. 이러한 것이 반복되면서 더 깊은 명상과 집중으로 들어가게 된다. 수십 차례 랠리를 주고받는 프로 선수들은 그야말로 명상을 통한 진공 속에서 아름다운 테니스를 하는 것이다.

그러므로 복식 경기에서 꼭 알아야 할 것은 우리의 지휘자는 나와 내 파트너가 아니고, 상대편이라는 점이다. 자신을 비우고, 지휘자의 지휘를 보아야 한다. 이것이 아름다운 테니스의 시작과 끝이라 할 수 있다.

성상 지휘자가 보낸 볼을 읽기도 힘든데 어떻게 지휘를 어렵게 만들 수 있나요?

준범 바둑의 수와 같은 것이지요. 상대의 움직임을 보고 정확히 따라 움직일 뿐만 아니라, 확률적으로 예상해서 움직이는 것도 필요하죠. 상대가 로브를 할 시점에 네트로 다가가는 사람은 없죠, 오버헤드를 준비하기 위해서 뒤로 물러나게 되는 것을 말하는 것이죠.

성상 테니스는 내가 중심이 아니라 상대가 중심이네요. 정말 이타적인 운동인가요?

준범 함께하는 관현악단의 하모니(Orchestral Harmonies)라고 하죠.

테니스 부상

3-15 안전한 테니스

포항 제철(POSCO)에서 건설한 광양 제철소 현장에서 3년 근무를 하면서 많은 안전사고를 목격했다. 포스코의 모든 직원은 안전화를 신고 다닌다. 건설 현장에서 1톤짜리 물체가 떨어져도 발을 보호하기 위해서 안전화 앞쪽이 쇠로 보강되어 있다. 테니스에서도 안전사고가 날까? 난다. 아주 어이없이 방심하는 사이에.

테니스를 시작하고 1년이 되지 않았을 때, 난 서울 강서초등학교 테니스장 의자에 앉아서 쉬고 있었다. 한 선생님이 내 앞을 막고 서있었는데 저 멀리에 있던 교사가 내 앞에 있는 사람에게 장난으로 공을 라켓으로 쳐서 보냈다. 내 앞의 사람은 잘 피했지만 난 가만히 앉아 있다가 피하지도 못하고 테니스공에 눈을 맞았다. 얼음으로 찜질하고 눈이 따가워서 계속 물로 닦으며 불편한 마음과 몸으로 돌아와서 잠자리에 들었다. 그런데 한밤중에 정말 가슴이 철렁한 경험을 했다. 공에 맞은 오른쪽 눈이 보이지 않는 것이었다. 정말 당황스러워서 안과 응급실에 갔는데, 가서는 더 놀랐다. 축구공에 맞아서 안와골절(安窩骨折)된 학생, 눈이 엄청나게 충혈된 사람 등 안과 병원 응급실에도 환자들이 많았다. 의사 선생님은 나의 눈을 보고 치료해 주면서, 염증으로 인한 일시적인 현상이니 자고 나면 좋아질 것이라고 했다. 집에 돌아와 잠을 못 자고 아침에 일어났다. 다행하게도 세상이 보였다. 무슨 영화 한 편 찍은 것 같았다. 이 일이 있고 나서는 테니스장에서 라켓과 공으로 장난치는 사람을 보면 나의 경험을 꼭 말해 준다.

테니스를 치는 동호인들이 한 번씩 경험하는 테니스 안전사고로는 코트에 폴트 된 공을 줍지 않고 그대로 경기할 때이다. 경기 중 공을 밟게 되면 발목을 다치게 된다. 한번 발목을 삐고 나면 적어도 한 달은 테니스를 칠 수 없는 비극을 겪는다. 그래서 공의 위험성을 알고 코트에 남겨진 공을 잘 줍는 것이 안전사고를 예방할 수 있는 최고의 방법이다.

이번에는 약간 자학적인 안전사고 유형인데 라켓으로 자신의 정강이를 때리는 경우이다. 특히 서브 동작에서 정말 엄청난 소리를 내는 경우가 있다. 동호인들은 고통을 너무도 잘 알기에 소리만 들어도 간접적으로 고통을 경험하게 된다. 서브하다가 인대가 끊어지는 경우를 본 적도 있다. 또한 무리하게 공을 받기 위해 달리다가 근육이 파열되기도 한다. 이런 종류의 사고를 막기 위해서 모두 알고 있지만 소홀히 하기 쉬운 준비 운동을 철저히 해야 한다.

더욱 치명적인 안전사고도 목격했다. 나와 함께 파트너가 되어서 치던 분이 갑자기 힘을 잃고 라켓을 코트에 떨어뜨리면서 비틀거리는 것이었다. 당시 코트에 있었던 회원 중 소방대원이 상황을 보고 뇌졸중임을 알고 즉시 응급조치하고, 구급차를 불러 생명을 구했다. 그러나 그 회원은 반신이 마비되어서 다시는 테니스를 칠 수 없게 되었다. 몇 년 전에는 강서구에서 정말 테니스를 치다가 뇌졸중으로 죽은 사람이 있다는 말도 들었다.

사실 난 소원이 힘차고 즐겁게 테니스를 치다가 테니스장에서 죽는 것이다. 그러나 이런 일을 겪는 사람들을 직접 경험하게 되면 이건 민폐이다. 혈압과 관련된 질병이 있는 경우 특별히 조심해야 한다. 욕심을 부리지 말고, 조금이라도 몸에 이상이 느껴지면 테니스장에 들어가면 안 된다.

성상 안전한 테니스에서 가장 중요한 것은 무엇인가요?

준범 누구나 잘 알고 있는 준비 운동이죠. 특히 고관절을 잘 열어주는 준비 운동이 중요해요.

3-16 건강한 테니스

패더러(Federer)는 무릎 부상으로 여러 차례 수술을 받았지만 결국 은퇴했다. 나달(Nadal)은 엉덩이와 허리 근육, 고관절 수술을 했지만, 선수 생활을 접고 은퇴했다. 조코비치(Djokovic)는 무릎 수술을 하고 아직 선수 생활을 하고 있지만 랭킹이 7위로 떨어졌다. 현재 조코비치의 코치를 했던 머레이(Murray)는 인공관절 수술, 허리 수술, 발목 인대 손상으로 결국 은퇴했다. 테니스의 경우 40세를 넘겨서 단식 선수 생활을 하는 사람은 극히 드물다. 그것은 나이로 인한 부상 때문이다.

테니스를 치면서 가장 처음에 당한 부상은 테니스공을 밟고 발목을 삐었던 일이다. 1개월 정도 공을 칠 수 없었다. 다음은 다리 근육 파열이다. 코치와 단식을 하다가 근육 파열이 되었다. 두 달 정도 공을 못 쳤다. 손목, 어깨, 골반 등 33년 동안 프로 선수도 아닌데 여러 번 여러 부위 부상에 시달렸다. 테니스 엘보는 걸린 적이 없으나 오른쪽 팔꿈치가 끝까지 굽혀지지 않는다.

테니스를 건강하게 오래 치려고 나름 무척 노력했다. 요즘은 퇴행성 척추 협착과 디스크 판정을 받고 병원 3곳을 거치면서 수술은 면한 상태로 치료 중이다. 퇴직 후 3년이 지나면서 집에서 내가 하는 일 중에서 가장 보람 된 일은 분리수거였다. 아무나 분리수거를 할 수 있는 것이 아니다. 경제적으로 구매력이 있어야 하고, 분리하고 수거할 수 있는 체력이 있어야 하며, 시간도 있어야 할 수 있는 놀라운 가사 일이다. 그런데 3주 동안 침대에 누워서 아무것도 할 수 없었다. 한마디로 좌절 그 자체였다. 열심히 요가도 하고 테니스도 치고, 자전거도 타며 90살까지 테니스를 치는 것을 목표로 하고 보낸 시간이 와르르 무너지는 순간이었다.

참으로 슬픈 일이다. 이런 일이 생길 때마다 나는 몇 가지를 뒤돌아보게 된다. 먼저 왜 삶에서 이런 고통이 오는가? 다음은 그동안 난 참 좋은 것을 즐겼구나. 난 무엇을 위해서 사는가? 테니스는 나를 이런 근본적인 질문으로 이끈다. 의사들은 내게 언제나 테니스를 치지 말라고 하면서 내게 질문한다. 테니스가 그렇게 좋으냐고? 그렇다고 대답하지만 언제나 의사들은 말한다. 테니스는 몸에 좋은 운동이 아니라고. 테니스를 신봉하는 사람들은 말한다. 테니스는 신사의 운동이고, 역동적이며 전략적이라고. 실제로 테니스는 아주 원시적인 운동이다. 테니스장은 정글이다. 그래서 부상이 있으면 그냥 죽는다.

성상 감독님은 어떤 부상을 겪으셨나요?

준범 여러 부상을 겪었지만, 가장 심한 것은 연습 중에 목 디스크를 당한 적이 있어요.

3-17 요가와 테니스

테니스를 33년 동안 쳤다. 요가는 5년 동안 했다. 두 운동 모두 너무 좋다. 두 운동의 공통점은 아무리 해도 끝이 보이지 않는다는 것이다. 너무 매력이 있는 운동이다. 사람들은 요가는 정적(靜的)이라고 하는데 실제로 해보니 역동적(力動的)인 운동이다. 역동적이라는 것은 많이 움직이기 때문이 아니라 다음 동작에 대한 준비와 시작에 많은 힘과 밸런스, 그 가운데 호흡을 일정하게 유지하는 것이 매우 역동적이라는 것이다. 겉으로 보기에는 테니스는 무척 뛰어다니고 순발력을 요구하고 여러 가지 기술을 구사하는 것으로 보인다. 그러나 두 운동 모두 호흡, 균형 유지, 적절한 힘의 분배를 해야 하는 것은 매우 유사하다.

테니스는 초등학교 시절부터 하고 싶었다. TV에서 많은 중계를 해주었고, 1970년대에는 테니스가 매우 유행이었다. 거의 모든 아파트와 학교에는 테니스장이 있었다. 그러나 여건이 되지 않아서 33세부터 시작하게 되었다. 요가는 우연히 동료 교사의 권유로 60세에 시작하게 되었다. 사실 테니스를 오래 쳐서 몸 상태가 말이 아니었다. 오른팔은 굽혀지지 않고 고관절, 손목 그리고 무릎, 발목도 아프지 않은 곳이 없어서 파스를 달고 살았다. 테니스를 30년 동안 거의 매일 치는 것은 참으로 어려운 일이다. 대부분 무릎과 허리에 이상이 생겨서 테니스를 못 하고 다른 운동을 하게 된다. 바로 그 시점에 요가를 시작하게 되었다. 요가를 시작하며 달라진 점은 파스를 바르지 않게 되었다는 것과 오른손이 얼굴에 닿게 되었다는 것이다. 그래서 요즘에 테니스 하는 후배들에게는 무조건 요가를 하라고 강하게 권하고 있다.

테니스는 자신의 신체적 능력을 바탕으로 극한까지 가야만 하는 운동이다. 테니스에는 항상 승패가 존재하기 때문이다. 그러므로 항상 무리하게 된다. 프로 선수들의 부상을 가장 깊이 이해할 수 있는 것도 승부이다. 모든 경기 즉, 시합을 하는 사람들에게 주어지는 운명과도 같은 것이다.

요가는 테니스와는 다르다. 만일 요가 대회를 한다면 그것은 진정한 요가라고 할 수 없다. 그래서 요가를 하는 사람들을 요기(Yogi)라고 하는데, 요가 수련자란 의미이다. 요가는 정말 수련(Training, Practicing)이다. 정신과 육체의 수련(Meditating and Training)이다.

나이가 들어서 그런지 올해, 퇴행성 척추 협착증과 디스크가 함께 왔다. 요가의 어떤 동작들은 허리에 좋지 않다. 물론 요가를 오랜 기간 수련한 사람들은 제외이다. 그래서 아쉬운 것은 좀 더 젊었을 때 요가를 시작했으면 더 좋았을 거라는 생각이 든다. 요가 매트가 주는 안락감은 테니스 코트 면이 주는 편안함과 매우 유사하다. 또한 두 곳 다 땀을 흘린 만큼 성장하는 곳이다.

성상 감독님은 요가 해보셨나요?

준범 아니요. 왠지 요가는 시간이 너무 많이 걸린다는 생각이 들어서 안 하고 있어요.

성상 아직 젊다는 증거죠. 아쉬탕가 요가(Ashtanga Yoga)를 하면 생각이 달라질 거예요.

테니스 용품

3-18 라켓

테니스를 치는 즐거움 중 하나는 라켓을 바꾸는 것이다. 테니스 라켓 회사들은 보통 2년에 한 번씩 새로운 버전의 신제품 라켓을 출시한다. 헤드에서 나온 스피드 프로(Speed Pro) 2022년 형은 맞지 않아서 한 자루를 샀다가 팔고, 2000년 형을 4년 동안 사용했다. 현재는 2024년 형 헤드 스피드 프로 18*20, 310g을 사용한다. 이 라켓을 쓰는 이유는 타구감이 부드러우면서 명확한 것이다. 또한 최고의 선수인 조코비치와 야닉 시너가 사용하고 있고, 그들의 플레이 방식과 포핸드 스윙을 내가 좋아하기 때문이다.

헤드 전에는 요넥스(Yonex)를 사용했다. 태국의 스리차판(Paradorn Srichaphan, 1997-2007년에 선수 생활, 아시아 최초 Top 10)과 호주 출신 선수 휴이트(Lleyton Hewitt)가 사용한 라켓인데, 모양이 예뻤다. 항상 요넥스 마크를 빨간 잉크로 라켓 면에 찍어서 사용했다. 그 당시 스리차판의 아디다스 옷과 주황색 요넥스 라켓이 잘 어울렸다. 참 이상한 것은 라켓 성능도 좋았는데 어느 날 갑자기 요넥스 라켓의 타원형 모양이 싫어졌다.

요넥스 전에는 페더러가 사용했던 윌슨 앤코드(Wilson N-CODE)를 썼다. 빨간색과 흰색이 어우러지는 멋진 라켓이었다. 이 라켓을 들고 단식 전국대회를 나아갔다. 예선을 통과하고 본선에서 시드(Seed) 배정자를 만났다. 전국 10위 안에 드는 사람을 만났다. 베이글 스코어(Bagel Score)로 지고, 다음 날 바볼랏 라켓으로 바꾸었다. 그러나 윌슨(Wilson), 바볼랏(Babolat) 라켓 모두 무엇인가 둔한 느낌이 들어서 그냥 요넥스를 계속 사용했다.

테니스를 맨 처음 시작할 때는 프린스(Prince) 라켓을 사용했다. 당시 마이클 창(Michael Chang)과 샤라포바(Maria Sharapova)가 사용하고 있었다. 줄이 층이 지게 매어진 라켓이었다. 스핀은 매우 잘 걸리지만 줄이 너무 자주 끊어져서 다른 사람에게 주었다. 그 후, 두 자루씩 처음 사기 시작한 라켓이 요넥스 라켓이다. 요즘도 타원형의 요넥스 라켓을 선수들과 동호인들이 사용하고 있는 모습을 보면 20년 전 생각이 난다.

새로운 라켓을 사기 위해서 여기저기 테니스 샵(Tennis Shop)을 다니고 그곳에서 사장님들과 여러 가지 이야기도 나누었다. 라켓과 관련된 이야기도 역시 테니스를 아름답게 만드는 요소 중 하나임에 틀림이 없다.

성상 감독님의 라켓 역사는 어떤가요? 감독님과 가장 잘 맞는 라켓과 이유는?

준범 바볼랏 퓨어 에어로(Babolat Pure Aero)를 사용해요. 요넥스와 헤드 스피드도 사용했지만, 지금은 협찬받고 있는 바볼랏 제품을 사용하고 있어요. 빠르게 공격적인 플레이를 할 수 있는 라켓이죠. 아주 좋은 라켓입니다.

성상 확실하게 협찬받으셨군요.

3-19 스트링

테니스 스트링(String)의 최고봉은 천연 거트(Natural Gut)이다. 스트링은 줄이라는 의미이지만 거트(Gut)는 내장, 배짱, 직감이라는 의미가 있다. 요즘은 보통 소 창자를 이용해서 가공을 거쳐 천연 거트를 만든다. 2025년 현재 가장 좋은 천연 거트는 바볼랏(Babolat)에서 생산하는 VS Touch로 8-9만 원 정도이다. 폴리 줄 가운데 좋은 줄에 속하는 럭시론 알루파워(Luxilon Alu Power)가 3-4만 원 정도이다. 천연 거트는 그보다 3배 정도 비싼 가격이다. 천연 거트를 사용한 지는 4-5년 정도 된 것 같다.

코로나가 한창 서울에 유행하던 때 코로나를 피해 안동테니스장을 방문했다. 우연히 찾아간 그곳에서 우리나라 국가대표 출신 권오희 선수에게 원포인트 레슨(One Point Lesson)을 받았다. 그때 권 감독에게 천연 거트 Babolat VS Touch(135/15L) 2개를 선물로 받았다. 처음에는 그냥 평범한 줄인 줄 알고 검색을 해보니 천연 거트였다. 그 후로 계속 천연 거트를 사용하고 있다.

가장 나와 맞지 않았던 줄은 폴리 줄(Polyester String)이다. 특히 각이 진 폴리 줄은 스핀력은 좋으나 팔에 많은 부담을 주었다. 그래서 모노필라멘트(Monofilament) 줄 대신 인

조심(Synthetic sheep) 멀티필라멘트(Multifilament)를 사용했다.

천연 거트의 충격흡수율은 폴리 줄과 비교해서 30% 정도 우수한 것으로 알려져 있다. 비용적으로 300%를 더 주고 30%의 충격을 몸에서 줄이는 것이라고 여기면 될 것 같다. 내 경우에는 생각보다 돈은 별로 들지 않는다. 한번 줄을 매면 3개월 이상 사용하고 있다. 천연거트와 인조십의 특징은 줄이 서서히 한 올 한 올 풀리는 것을 볼 수 있다는 것이다. 폴리 줄은 어느 순간 한 번에 끊어진다. 천연 거트는 확실히 비용이 많이 들지만 팔, 손목 그리고 테니스 엘보(Tennis Elbow) 예방에 좋다.

성상 감독님은 어떤 줄을 사용하시나요?

준범 바볼랏 RPM 1.25mm를 사용해요. 라켓이 바볼랏이다 보니 함께 협찬받고 있는 바볼랏 줄을 사용하고 있어요.

3-20 의류

아디다스(Adidas) 테니스 의류만 입은 지가 25년 지났다. 맨 처음 테니스를 시작할 때는 나이키(Nike)를 입었다. 신발도 나이키를 신었는데, 그 당시 가장 잘나가던 샘프라스(Sampras)와 아가시(Agasi)가 나이키를 입었기 때문이다. 30년 전에는 휠라(FILA)가 유행했고, 비싼 축에 속했다. 휠라는 이탈리아 브랜드였는데, 거의 사라지던 브랜드를 한국 사람이 인수해서 다시 세계적인 선수들이 입고 있다. 우리나라 권순우 선수도 휠라의 협찬을 받고 있다. 1990년대 휠라보다 비싼 의류는 엘레쎄(Ellesse)였다. 휠라는 부활했는데 엘레쎄를 입는 사람들은 요즘 보기 힘든 것 같다.

나이키 다음에 입은 옷은 리복(Reebok)이다. 마이클 창(Michael Chang)이 리복의 모델이었다. 리복과 함께 푸마(PUMA)란 브랜드도 유행했었다. 다음에 입은 옷은 디자인이 깔끔한 헤드(HEAD)였다. 일상복같이 나왔으나 운동하기에는 그렇게 좋지는 않았다. 당시 평상복으로 입고 학교에 다녔다. 마지막으로 입은 브랜드는 아디다스이다. 사실 아디다스의 의미를 'All Day I Dream About Sports'라고 생각하는 사람도 있다. 그것은 잘못된 역 어원(False Backronym)이지만 누군가 아주 잘 만든 말이라고 생각된다. 진실은 아디다스를 창업한 사람의 애칭에서 따온 회사명이다. 아디다스 로고는 두 가지이다. 운동선수용 삼각형 모양을 이룬 세 줄 로고와 세 잎으로 이루어진 아디다스 오리지널 로고가 있다. 그러나 요즘은 두 가지 로고를 특별히 구분하지 않고 있다. 특히 삼선은 신발의 내구성을 높이기 위해 기능 면에서 사용했지만 지금은 완전히 아디다스를 대표하는 로고가 되었다. 독일 브랜드여서인지 실용적이고 단단한 이미지를 주어서 아디다스 의류를 아직도 입고 있다.

교사로 재직할 당시 내 별명은 아디다스 선생님이었다. 이상하게도 아디다스를 입고 온 아이들을 예뻐했던 것 같다. 그래서 학년이 끝날 때는 반 아이들의 상당수가 아디다스를 입고 학교에 왔다. 동호회 단체복도 아디다스로 했고, 회원 중에 아디다스를 입고 오면 참 멋있다고 칭찬해 주었다. 현재 클럽 회원들도 아디다스를 즐겨 입는다. 그들은 새로 테니스복을 입고 왔는데 열렬히 칭찬해 주는 나로 인해 돈을 쓴 보람을 느끼는 것 같다.

성상 감독님이 좋아하는 브랜드와 그 이유는?

준범 나이키를 좋아해요. 멋도 있지만 가성비가 좋아요. 나이키에서 나오는 옷들은 세트로 나오기보다는 개별로 나와서 어느 옷이든 나이키 제품은 서로 잘 어울리는 것 같아요.

성상 아디다스는 어떤가요?

준범 유럽 스타일이라서 어깨가 좁게 느껴져요. 디자인이 실용적인 면에서 나이키가 더 좋아요. 신발도 나이키를 신어요.

성상 안 물어봤는데요!

3-21 신발

테니스에서 신발은 빼놓을 수 없다. 2024년 가장 유행한 신발은 아식스(ASICS)였다. 조코비치(Djokovic)가 아식스 신발을 신고 나서 많은 동호인들이 그 신발에 매료되었다. 디자인도 예쁘게 나왔고 착용감이 무척 좋은 신발이다. 한번 신으면 발에 착 감기는 맛이 있다. 아식스는 가벼우면서 발의 움직임을 자신 있게 해주지만 단점은 폭이 좀 좁다.

처음 테니스를 시작했을 때 나는 나이키와 리복을 주로 신었다. 당시(1993년) 에어(Air) 신발이 유행했다. 나이키에서는 나이키 에어, 리복에서는 헥사(Hexa) 운동화가 나왔다. 멋지고 화려한 나이키는 편하지만 볼이 좀 좁게 나오는 편이다. 그 당시 에어 조던(Air Jordan) 신발이 유행이어서 농구를 하지 않는 사람들도 패션 운동화로 신고 다녔다. 나이키 테니스화는 발끔치 쪽에 에어가 보이게 디자인되어 있었다. 테니스 할 때 격한 움직임으로 인한 충격 흡수를 눈으로 실감할 수 있는 디자인이었다. 그러나 에어가 터지는 단점이 있어서 기능적인 면에서도 미적인 측면에서도 난감했다. 만일 나이키 에어 신발의 에어가 터지지만 않았다면 더 오래 신었을 것 같다. 리복은 에어 터짐을 방지하기 위해서 벌집 모양 헥사(Hexa) 구조의 쿠션(Cushion)을 신발에 적용했다.

나이키처럼 에어가 망가지지 않고 착용감도 좋았다. 그러나 나이키와 리복 모두 바닥이 쉽게 마모되었다.

요즘 신고 있는 운동화는 아디다스이다. 디자인은 투박하나, 견고함은 어느 운동화도 당해 낼 수 없다. 특히 바닥이 견고해서 운동 시 미끄러지는 것을 잘 방지해 준다. 아디다스 테니스화의 전설은 아직도 생산되는 바리케이드(Barricade)이다. 특히 사핀(Marat Mikhailovich Safin)은 이 신발의 날렵하고 강인함을 보여 주었다. 그리고 완충 역할로 부스트(BOOST)를 적용했다. 솜사탕을 뭉쳐 놓은 듯한 쿠션은 눈위를 밟는 느낌 준다. 요즘은 아디제로 우버소닉을 신고 있다. 지난봄(2025) 즈베레프(Alexander Zverev)가 호주 오픈에서 신고 나온 운동화로 바닥 중앙이 그물망(Mesh)으로 되어 있어, 여름에 일반 신발처럼 신고 다녀도 땀이 차지 않는다. 또한 신발 프레임을 단단한 재질로 만들고 신발 천은 가볍게 만들어서 착용감과 안정성 둘 다 갖춘 신발이다. 지금은 품절로 살 수 없다. 그래서 몇 년 전부터 한 켤레를 사고 좋으면 바로 하나를 더 사놓는 습관이 생겼다. 아디다스 신발의 특징은 견고함이다. 거기에 착용감과 가벼움을 갖춘 최고의 테니스화가 아디다스라고 생각된다.

성상 감독님의 테니스화는 어떤 제품인가요, 이유는?

준범 나이키입니다. 신발 끈을 조였을 때의 느낌 때문에 나이키를 좋아해요. 발등 부분을 잡아주고, 운동할 때도 매우 편하거든요. 요즘 아식스가 유행하는 것으로 아는데, 나이키보다 좀 둔탁한 느낌이 들더군요.

성상 감독님은 옷과 신발을 의도적으로 맞추어 입는 건가요?

준범 그렇지 않아요. 한 세트로 입는 건 좀 촌스럽지 않아요?

성상 그렇다면 전 머리끝에서 발끝까지 촌스러운 아디다스군요?

준범 선생님은 예외예요. 정말 잘 어울려요.

3-22 코트

테니스를 33년 치면서 느낀 가장 커다란 변화는 테니스 코트의 표면이 바뀐 것이다. 처음 시작할 때는 대부분 클레이(Clay) 코트였다. 다음은 인조 잔디 코트로 변했다. 많았던 클레이 코트들이 서울에서는 대부분 없어지고 특히, 학교에 있었던 클레이 코트들은 이제는 찾기가 상당히 힘들다. 아직 테니스 코트를 가지고 있는 학교들도 클레이 코트를 모두 인조 잔디로 바꾸는 추세이다.

동호인들이 가장 좋아하는 면은 클레이(Clay)이다. 클레이 코트 면은 관절에 오는 충격을 흡수해 주고, 또 땅에서 올라오는 기운들을 느낄 수 있게 해준다. 마치 한때 유행했던, 황토 걷기, 황토 집 살기처럼 황토에서 테니스를 치는 것은 정말 최고의 혜택이라고 생각한다. 비 온 뒤에 소금을 뿌리고 롤링(Rolling)할 때 표면이 너무 예쁘게 나오는데, 그것을 바라보는 기쁨도 크다. 면에 라인 기로 흰 라인(Line)을 긋고 나면, 포근한 황토 안방 바닥에서 테니스를 치는 기분이다.

요즘은 인조 잔디에서 테니스를 많이 친다. 인조 잔디 코트에는 모래를 뿌리게 되는데 슬라이딩할 수 있도록 하기 위한 것이다. 특히 인조 잔디 코트에서는 슬라이스 서브나 슬라이스 샷을 구사하는 사람들이 상당한 이득을 본다. 인조 잔디 위에서 미끄러져 나가는 볼의 스피드는 생각보다 빠르다. 인조 잔디 코트에서 많이 쳐 봐야지만 적응할 수 있게 된다. 인조 잔디가 가장 좋은 점은 비가 오는데도 테니스를 칠 수 있고, 비가 그치면 바로 칠 수 있다는 점이다.

다음은 하드(Hard) 코트인데 엄밀히 말하면 케미컬(Chemical) 코트라고 한다. 콘크리트(Concrete)나 아스팔트 위에 아크릴(Acrylic)로 마감한다. 잘 시공된 케미컬 코트의 경우 약간 푹신한 느낌에 바운드도 잘되고 볼도 빠른 편이다. 그러나 규정에 맞는 올림픽 경기장과 같은 케미컬 코트에서 칠 기회가 별로 없다. 대부분의 케미컬 코트는 너무 딱딱해서, 테니스 라켓을 코트 면에 던졌을 때 튀어 오르는 탄성을 가진 코트를 만나기는 쉽지 않다. 공을 치고 나면 가장 부담감을 느끼는 코트는 목동 테니스장의 코트이다. 그곳에서 30분만 쳐도 발목에서 무릎까지 콘크리트로 깁스한 느낌이 올라온다. 나이 때문인 것 같다.

올해 발산초등학교에 있던 클레이 코트를 없애고 새롭게 카펫(Carpet) 코트로 교체했다. 처음에는 바운드가 너무 약해서 적응하기 힘들었다. 그러나 자꾸 치니까 익숙해지고 무릎에 오는 충격 흡수도 우수하고, 부드럽게 슬라이딩할 수 있도록 분말 가루를 카펫 면에 뿌리기 때문에 슬라이딩도 가능하다. 경기를 마치고 신발에 묻은 분말 가루를 털어낼 수 있는 공기 분사기를 준비해서 초록색 분말 가루를 다 털 수 있다. 일 년 정도 사용해 보았는데 편하고 괜찮다. 특히 물 빠짐 경사가 상당히 잘 시공되어서 비가 와도 인조 잔디보다는 훨씬 좋은 느낌으로 칠 수 있다.

어떤 종류의 코트이든 실외 코트의 단점은 자연환경에 영향을 많이 받는 점이다. 특히 많은 눈이 올 때, 눈을 빨리 치우지 않으면, 추운 겨울 동안 코트 면이 얼어서 칠 수 없게 된다. 그래서 큰 눈이 왔을 때 누가 나와서 어떻게 치우느냐가 클럽에 대한 충성심과 사랑의 시금석(試金石, Touchstone)이 된다.

성상 감독님께서 선호하시는 코트의 종류는 뭔가요?

준범 클레이 코트를 좋아하고, 앙투카(En-Tout-Cas) 코트를 가장 좋아합니다. 프랑스 말 En-Tout-Cas는 영어로 In Any Case로 비가 온 뒤에도 즉, 어떤 경우에도 테니스를 칠 수 있다는 의미가 있어요. 그리고 프랑스 오픈(Les Internationaux de France de Roland Garros)이 주는 자연 그대로의 느낌 좋아요. 경기 중에 부는 바람, 붉은 흙먼지, 태양, 이런 것들이 가장 자연과 가까운 느낌을 주는 코트라서 좋아해요.

테니스 레슨

3-23 코치

동호인들이 가장 많은 돈을 쓰는 부분은 테니스 레슨비이다. 돈이 있는 곳에 마음이 있다고 누군가 말했듯이, 돈을 냈기 때문에 레슨을 받는 시간 동안은 절박하다. 즉 자신이 낸 돈의 가치를 뽑아내고 싶어 한다. 그러나 상대편은 그렇지 않다. 레슨 코치는 이미 돈을 받았기 때문에 절박하지 않다. 미리 한 달 치를 또는 원 포인트(One-point) 레슨비를 받고 시작한다. 그래서 코치는 레슨자의 마음을 알 수 없다. 더군다나 대부분 선수 출신인 코치들은 어린 시절 자신이 벌어서 레슨을 받은 것이 아니기 때문에 더욱 그렇다. 그들은 부모나 협회의 돈으로 테니스 레슨을 받고 선수가 되었다. 절대로 테니스 수강자의 마음을 알 수 없다.

동호인들의 가장 큰 불만은 코치가 코칭을 안 해주고 공만 계속 던져 준다는 것이다. 그러나 코치들은 자신들이 던져 주는 공은 성의 없는 공이 아니라 꼭 필요해서 그 사람이 익혀야 할 공을 준다는 말이다. 그러나 레슨을 30년을 받은 사람으로서 그것은 사실이 아닌 것 같다. 레슨자의 폼이 망가지고 있는데도 개의치 않고 대부분의 코치들은 공을 던져 주고 땀이 나게 하는 것을 목표를 삼고 있다. 왜냐하면 레슨비를 낸 사람 중에 단순히 운동을 통해서 땀 흘리기를 원하는 사람들도 있기 때문이다.

나 같은 경우 동호인에게 단 10분만 테니스를 가르쳐 주어도 스스로 체력적인 한계를 느끼고 나서 레슨을 해서는 안 된다는 것을 곧바로 깨닫게 되었다. 사실 코치들은 레슨비를 받고 가르치지만, 항상 친절하게 필요한 말을 해주면서 코칭을 한다는 것은 불가능하다. 육체적으로는 물론이고 정신적으로도 어렵다. 해결책은 하나이다. 코치에게 한 번 레슨 받을 때마다 궁금한 것을 한 가지만 물어보고 도움을 받는 것이다.

성상 코치 입장에서, 코치들은 특별한 코칭 없이 공만 던져 준다는 비판에 대해 어떻게 생각하나요?

준범 코치들은 많은 사람들을 가르치기 때문에 모든 사람을 하나하나 가르칠 수는 없다고 봐요. 그러므로 코치들이 주는 공을 통해서 자신이 불확실한 상황(Uncertain Situation)에서 어떻게 공을 처리해야 하는가를 생각하는 것이 필수죠. 일정한 공(일정하게 피딩(Feeding)을 해 주는)에서는 자세를 연습하고, 불규칙하게 오는 공(발리를 통해서 조금 불규칙하게 오는 공)에서는 공의 궤적을 찾아내는 연습이 필요하다고 생각해요.

3-24 레슨자

33년 동안 거의 쉬지 않고 테니스 레슨을 받고 있다. 사람들은 코치가 되어도 벌써 되었을 텐데 왜 아직도 레슨을 받고 있냐고 내게 묻는다. 레슨을 계속하고 있는 이유는 어떤 사람 때문이다. 내가 테니스를 처음 시작할 당시, 신월동 코트에 대학 시절부터 쳐서 벌써 전국대회도 우승한 사람이 있었다. 그 사람이 레슨을 받는 것을 보고 나는 신기해서 그렇게 잘 치는데 레슨을 왜 받냐고 물어봤다. 그때 이후, 그의 대답이 나의 대답이 되었다.

그에게는 테니스 레슨을 계속 받는 세 가지의 이유가 있었다. 돈, 시간, 건강을 가지고 있는 것이 이유였다. 세월이 갈수록 이 대답은 엄청난 것이라는 것을 느끼고 있다. 특히 나이가 들어가니 건강을 유지하는 게 가장 힘든 걸 알게 되었다. 항상 아침에 설레면서 일어나게 해주는 테니스에게 건강이 있는 한 시간을 할애하지 못한다는 것은 있을 수 없는 일이다.

30년간 레슨을 받으면서 많은 코치를 만난 것도 귀하지만 테니스에 대해서 더 깊이 생각할 수 있어서 좋았다. 자신이 어떤 모습으로 테니스를 치는지 남이 말해 주지 않으면 모르기 때문이다. 내가 레슨을 받을 수 있기 때문에 선수 출신 코치의 볼을 받을 수 있고, 그들이 알려 주는 노하우(Know-how)도 알 수 있었다. 얼마나 더 레슨을 받을 수 있을까? 바라기는 죽기 전날까지 테니스 레슨을 받고 싶다. 그렇게 된다면, 그때까지 건강, 시간, 돈을 다 가지고 있는 것이기 때문이다.

성상 감독님은 시간, 돈, 건강이 다 있다면 무엇을 하고 싶나요?

준범 아카데미 하우스(Academy House)를 세우고 싶어요. 제가 말하는 의미는 가정집과 함께 있는 테니스 아카데미를 말해요. 선수를 꿈꾸는 아이들 훈련과 개인 레슨도 할 수 있는 장소를 말하죠.

성상 어디에 만들고 싶나요?

준범 한남동에 세우고 싶어요.

성상 맞아요. 도시에 세워야 해요. 그래야 접근성이 좋죠. 눈에서 멀어지면 마음에서도 멀어지니까요.

3-25 사부(Shīfù, 师父)

33년 동안 여러 명의 테니스 코치들을 만났다. 우리나라에서는 테니스 코치 대신 감독이란 용어를 많이 사용한다. 우리나라 실업 테니스 팀에서는 감독 밑에 훈련 코치들을 두고 팀을 운영하기 때문이다. 그러나 외국에서는 모두 코치란 말을 사용하고 간혹 수석 코치(Head Coach)라는 용어를 쓴다. 난 사부(师父, Shīfù)란 말이 개인적으로 좋다. 중국 영화에서 사부는 무술만 가르쳐주는 것이 아니라 항상 인생을 가르쳐주기 때문이다.

맨 처음 사부는 임정일이다. 장충코트 관리 소장이었다. 첫 학교인 강서초등학교에 코트가 있었는데 그곳에 코치로 왔다. 처음 만났을 때 60세가 넘었던 것으로 기억된다. 클레이 코트를 열심히 관리해서, 비가 온 후에 빨리 치고 싶은데 충분히 기다리게 했던 기억이 난다. 임 사부가 관리한 코트는 정말 아름다웠다.

다음 사부는 최익산이다. 신월동 시영아파트 단지 코트에서 레슨을 받았다. 경기도 안산으로 따라가서 온 여름을 온통 레슨으로 채웠던 기억이 난다. 나에게 그 유명한 선수 비에른 보리(Björn Rune Borg)의 훅송 포핸드를 가르치려 했으나 그립을 바꾸어야 했기 때문에 성공하지 못했다. 내가 테니스를 시작하는 사람을 도와줄 때 생각나는 사부이다.

다음은 손동호 사부이다. 등서초등학교에 발령받아서 바로 학교 앞에 있는, 지금은 사라진 낙원 코트에서 만난 사부이다. 왼손잡이로 가르치는 것보다 직접 치는 것을 너무 좋아했다. 몸도 날렵해서 훨훨 날아다녔던 기억이 난다. 지도자가 되려면 어느 정도로 테니스를 좋아해야 함을 깨닫게 했다.

이상민 사부는 인천 '덜렁이네 횟집'을 소개해 준 사람이다. 수년 전 속초로 테니스 여행을 가서 우연히 만났다. 서로 삶에 대한 많은 이야기를 나누었다.

다음은 고찬식 사부이다. 등나무꽃이 만발한 낙원 코트에서 참으로 열심히 가르쳐 주었다. 특히 동호인들이 잘 알아듣도록 분명하게 가르쳐 주었다. 요즘도 가양 황금내 코트에서 간혹 만나는데 아직도 테니스 칠 때 훨훨 날아다닌다.

같은 낙원 코트에서 만난 윤종덕 사부가 있다. 지금 내가 속해 있는 클럽 새벽을 만들어 주었고, 복식 경기에서 서브 앤 발리의 중요성을 일깨워 주었다. 특히, 헤드 라켓으로 바꾸게 되는 계기를 마련해 주었다.

요즘은 목동 7단지 C코트에서 신세현 사부에게 레슨을 받고 있다. 코로나가 유행했을 때 테니스를 칠 수 있는 방법은 레슨받는 것 외에는 없었다. 그곳에서 신 사부를 포함해서 좋은 사람들을 많이 만났다. 신 사부는 나에게 공을 앞에서 잡는 것을 가르쳐 주었다. 항상 성실하게 테니스의 모든 기술을 익힐 수 있도록 훈련을 시켜 주었다. 특히 왕복 좌우 랠리를 20회씩 5세트씩 하는 강도 높은 훈련을 시켜 주었다.

또 한 사부는 나와 공동으로 책을 쓰고 있는 안준범 사부이다. 안 사부를 만나지 못했다면 이 책을 쓰지 못했을 것이다. 나는 테니스 이론을 전문적으로 배우지 않았기 때문에 기술적인 문제에서 언제나 자신이 없었다. 안 사부와 1년 넘게 테니스 레슨과 테니스 이론에 관한 이야기, 삶에 관한 이야기를 나눈 결과가 이 책이다.

성상 기억에 남는 사부는요?

준범 한국인으로는 유진선, 외국인으로는 프랑스인 마셀 피터가 기억에 남아요.

성상 역시 차원이 다른 사부들을 모시고 있군요. 유진선 선수는 1986년 아시안 게임에서 4관왕을 달성하고, APT 싱글 194위를 달성했던 한국의 대표적인 선수였죠.

3-26 제자

테니스 인생에 여러 명의 사부가 있듯이, 나의 테니스 제자 키우기도 그에 못지않은 역사를 가지고 있다. 지금 생각해 보면 잘 알지도 못하면서, 심지어 잘못된 지식을 확신에 차서 열심히 가르쳤던 생각이 난다. 그들에게 미안하기도 하고 고맙기도 하다.

제일 처음 나의 테니스 제자는 현재 미국에서 목회하고 있는 김도형 목사이다. 그 당시 김 목사는 내수동교회 주일학교 전도사였다. 나의 첫 학교 서울 강서초등학교 테니스장에서 같이 게임도 하면서, 테니스를 열심히 가르쳐주었다. 그 학교 교장은 우리 전도사님이 마음에 드셔서 따님과 연결해 달라고 부탁했다. 그래서 나는 첫 테니스 제자를 중매해 주었다. 김 목사가 미국에서 박사 학위를 하는 동안 테니스 레슨을 해서 학비에 보탰다는 신기한 소식도 전해 들었다. 지금도 가끔 연락하고 있다.

두 번째 등촌초등학교는 내가 30대 중반에 근무했다. 그곳에서 여러 젊은 남녀 선생님들에게 테니스를 가르쳐 주었다. 테니스장도 운동장에 만들고 매년 교사 테니스 대회에 나갔다. IMF로 목동 코트 라이트를 쓸 수 없어서, 신월동 코트 회원 선생님을 따라서 방과 후 저녁때 그곳에서 연습했다. 그래서 신월동 테니스 클럽 회원으로 등록했다.

다음 학교는 등서초등학교다. 여름 방학을 이용해서 교회 선생님들과 함께 열 명이 넘는 테니스 제자를 키운 적이 있다. 한마디로 테니스 여름 캠프(Tennis Summer Camp)를 열었다. 테니스를 마치고 샤워하고 목동 현대41타워에서 당시 유행이었던 버섯 매운탕 찌개를 맛있게 먹었다. 버섯이 병 속에서 자라나고 있는 식당이었다. 또한 교장 선생님이 테니스를 너무 좋아하셔서 새벽에 학교 앞 낙원 코트를 빌려서 열 명 가까운 선생님들에게 테니스를 가르쳐 주고 그들을 제자 삼았다. 그 학교 홍순식 교장과 변용주 교감은 나의 삶에서 잊지 못할 분들이다.

다음 염창초등학교에서는 주로 영어를 가르쳤고, 서울 전역의 초등학교에서 영어 연수 강사를 했다. 제자를 키울 시간이 없어서 조용히 테니스 레슨을 받았던 것 같다.

10년 만에 등촌초등학교로 발령받았다. 슬프게도 10년 전에 만들어 놓은 테니스장이 없어지고, 사람들의 관심도 없어졌다. 학교생활이 가장 어려운 시기였고 주일 예배와 테니스로 많은 위로를 받았다.

마지막 학교는 백석초등학교였다. 백석에 와서는 박재열 교장을 만났다. 소위 말하는 대교장이었다. 능력이 많은 교장이라서 젊은 남자 교사를 많이 모아 주었다. 남교사 중 두 교사는 현재 테니스 클럽 새벽에서 같이 활동하고 있는 안정호와 전어진이다.

목동 7단지 C코트에서 함께 레슨을 받던 대학생 셋을 만나서 그들을 열심히 가르쳐주었다. 지금 두 사람 유승엽과 박세진이 우리 클럽에서 성장하고 있다. 요즘 두 친구는 열심히 시합을 다닌다. 지난주에는 강서구 협회장배 테니스 대회 금배(金杯)에 그들과 함께 출전했다. 아주아주 감격적이었다. KBS 아레나(Arena)에서는 외국에서 유학 중인 몇 명을 만났다. 특히 유펜(University of Pennyvania)에서 화학공학 박사과정 중에 있는 최정문도 만났다. 둘이 추운 겨울에 내 차 안에서 컵라면을 먹었던 생각이 난다.

요즘은 황금내 코트에서 제자 둘을 키우고 있다. 한 명은 30대 김범수, 다른 한 명은 50대 박은태 목사이다. 두 사람 모두 무럭무럭 잘 자라고 있다.

테니스 제자 삼기는 세상에서 가장 좋은 것을 함께 나눌 수 있는 아름다운 행위이다. 그래서 하나님께서 허락하신 축복이라는 생각이 든다. 살다 보면 함께 나눌 때 기쁨이 커지는 것들이 있다. 그러한 것 중에서 최고는 테니스이다.

성상 가장 기억에 남는 제자들은?
준범 김성상 선생님이 제일 기억에 남아요.

성상 너무하신 거 아닌가요? 사람을 앞에 두고?

준범 사실이에요, 저를 알아주시고, 함께 이렇게 책을 쓰고 있잖아요.

성상 감사해요. 그래도 선수를 말씀해 주세요.

준범 동준(11), 서준(9) 두 형제가 2년 전 저를 찾아왔어요. 현재도 가르치고 있는데 두 아이의 눈빛이 너무 좋았어요. 기억에 남기보다는 기대되는 제자라고 할 수 있어요.

테니스 미디어

3-27 중계

보통 테니스 중계를 좋아하는 사람들은 테니스 동호인이 아니다. 정확히 말하면 테니스 동호인들은 테니스 중계를 보는 것보다 자신이 직접 테니스를 하는 걸 더 좋아한다. 우리나라에서 유치했던 ATP 주관 칼(Kal) 오픈(Open)은 관중을 동원하지 못해서 다른 나라로 넘어갔다. 동호인들이 테니스 중계를 열광적으로 보는 건 아주 유명한 선수들의 경기뿐이다.

테니스 중계를 열심히 보는 편은 아니지만 내가 테니스 중계를 보는 방식이 바뀐 것을 요즘 느끼고 있다. 예전에는 점수, 묘기에 중점을 두었다면 지금은 테니스의 기술을 간접 경험하게 되었다. 특히 발리에서 손에 오는 느낌을 간접적으로 경험하게 된다. 이것은 테니스 중계를 보면서 경험하게 되리라고 한 번도 생각해 본 적이 없는 경험이다.

선수의 스텝, 회전축, 선수의 의도가 무척 재밌게 느껴진다. 선수마다 그립 차이로 인한 다른 스윙의 형태를 느낄 수 있는 것이 또 다른 테니스 중계를 보는 기쁨이다. 자기가 아는 만큼 보인다는 말이 잘 적용되는 것이 바로 테니스 중계를 보는 것이다.

성상 가장 기억에 남는 테니스 중계와 그 이유는?

준범 테니스 중계에서 중요한 것은 해설자의 멘트라고 생각해요. 내가 생각하고 있는 방식으로 해설자가 설명하고 있는가? 나와 다르게 설명한다면 그 설명은 타당한가를 따져보는 게 중요하다고 생각해요. 다른 관점으로 해설하는 중계는 나에게 많은 생각을 하게 하는 것 같아요.

성상 경기를 보는 게 아니라 해설을 보는 것이군요. 사실 저도 중계를 보면서 가끔 혼자 해설을 하기도 해요.

3-28 유튜브

동호인들은 유튜브로 테니스를 많이 본다. 테니스와 관련된 사이트들에서는 저마다의 소위 말하는 테니스 꿀팁을 제공하고 있다. 제목 또한 사람들의 호기심을 끌 수 있는 것이 대부분이다. 웬만큼 테니스에 대한 지식이 없는 동호인들은 혼란에 빠지게 된다. 이 글에서는 테니스에 대한 정확한 개념을 얻을 수 있는 사이트와 그 내용을 소개한다.

박승주 테니스 아카데미(www.youtube.com/@JuseungParkTennisAcademy)에서 '포핸드 발리'를 보면 준비 자세와 함께 발리 마무리 자세에서 팔꿈치가 몸통 앞에 있어야 할 것을 강조한다. 사실 발리의 개념은 막는 것(Block)이다. 또는 반사(Reflection) 개념이다. 몸통으로 막아서 몸통으로 보낸다는 느낌이다.

테니스한쌤(www.youtube.com/@Hanssaem) '신개념 발리 레슨'을 보면 발리의 개념을 재미있게 소개하고 있다. 박승주와 한쌤은 같은 말을 하고 있다.

발리의 막는 개념을 또 다르게 설명한 사람이 하늘쌤(www.youtube.com/@하늘쌤테니스꿀팁)이다. '제11편 상식을 파괴하는 발리 타격감'에서 발리의 막는 개념과 반사 개념을 논리적으로 매우 잘 설명해 주고 있다. 시합에서 언제나 사용할 수 있는 실전용 발리이다.

Feel Tennis Instruction(www.youtube.com/@feeltennis), The Swinging Up On The Serve Mystery Explained 편에서 왜 서브할 때 올려 쳐야 하는지를 토스와 관련해서 설명하고 있다.

포핸드 원리를 설명한 테니스클럽하우스 레저왕(www.youtube.com/@레저왕)이다. 'NO.1 조코비치 포핸드 비법은??' 편에서 조코비치의 포핸드 비법을 훌륭히 설명하고, 특히 잘 촬영된 조코비치의 슬로우모션(Slow Motion)을 볼 수 있다. 특히 탭독(Tap Dog) 테이크백에서 그대로 라켓 면을 지면에 중력을 이용해 내리는 동작(Tap Dog) 후에 라켓이 돌아가는 모습은 정말 예술이다.

복식의 기본 전략에 대한 사이트는 2 MinuteTennis(www.youtube.com/@2Minutetennis) 'Top 10 Doubles Strategies'에서 10가지 전략을 매우 간결하게 설명한다.

위에 제시한 사이트의 특징은 가장 기본적인 것을 간결하게 설명해 준다는 것이다. 많은 테니스 사이트가 있지만 가장 기본에 충실한 사이트들이다.

성상 감독님께서는 어떤 테니스 사이트를 소개해 주실 건가요?

준범 릴스(Instagram Reels)에 있는 테니스 영상을 스토리에 공유해서 보는 것을 추천합니다.

3-29 2023 US OPEN

테니스 경기를 보다 보면 경기 장면보다 인터뷰 장면이 더 감동적일 때가 있다. 2023년 US OPEN 테니스 경기에서 코코(Coco Gauff)가 우승했다. 우승 소감에서 자신을 비난했던 사람들이 자신에게 기름을 부어서 지금 이렇게 훨훨 타오르고 있다고 말했다. 또한 가족의 격려가 자신에게 힘을 주었다고 말했다. 코코는 3년 전 불과 16살에 윔블던 16강에 오르면서 세레나의 뒤를 이을 여자 선수로 주목을 받았다. 그랜드슬램을 우승하는 데는 3년이 흘렀다. 어린 선수가 3년 동안 얼마나 고생했으면 다른 사람들이 자신에게 기름을 부었다고 말할까? 코코는 참으로 멋있다. 먼저 기도할 줄 알고, 감사할 줄 아는 선수다. 모든 것이 사람들과 좋은 관계에서 온다는 걸 어린 나이에 깨달았다. 그리고 시합에서 지거나 이기거나 자신의 감정을 노골적으로 드러내지 않는 신중한 선수다.

노박 조코비치(Novak Djokovic)는 남자 선수 중 누구도 해내지 못한 대기록 24번의 그랜드슬램 우승을 차지했다. 우승 소감에서 그는 멘탈을 강조했다. 조코비치는 2023 US OPEN 결승행이 결정되고 남은 24시간 동안, 아무 생각도 하지 않고 평상시와 똑같이 보냈다. 그리고 세르비아의 내전에도 불구하고 전폭적으로 지원해 준 가족들에게 감사를 잊지 않았다.

두 사람뿐만 아니라 모든 테니스 선수에게 경의를 표한다. 테니스는 인간의 능력을 극한까지 밀고 가야만 하는 사람이 할 운동이 아니기 때문이다. 어떻게 자신들의 몸을 관리하고 기술을 익혔기에 저리도 잘할 수 있단 말인가?

성상 노박의 강점은 무엇인가요?

준범 완벽하다는 것이죠. 방사형 그래프(Radar Chart)의 완벽한 육각형 선수라고 생각해요. 페더러는 보다 빨리 쳐서 타이밍을 뺏는 선수이고, 나달은 강한 스핀으로 상대를 제압하는 선수이고, 노박은 공을 깨끗하고(Cleanly), 일정(Victory bleongs to the most tenacious)하게 치는 스타일이죠. 요즘 알카라즈가 나달과 페더러 스타일을 조합한 조코비치 스타일로 바뀌고 있는 것이 성적이 좋아진 이유라고 봐요. 그래서 시너가 알카라즈에게 더욱 어려움을 겪는 것 같아요.

성상 노박이 은퇴 전에 알카라즈와 시너를 한 번 이기는 것을 보고 싶어요.

테니스 철학(哲學)

3-30 전제조건

스트레스를 해소하기 위해서 테니스를 치는 경우가 많다. 우리가 느끼는 스트레스 중 최고는 가정과 직장에서 온다. 교사로서 학교에서 아이들을 가르치다 보면 엄청난 스트레스를 받는다. 테니스를 칠 때 테니스공을 말썽부리는 아이라고 생각하고 칠 때도 있었다. 어느 해, 아이들 문집 표지에 테니스 채와 공을 넣으면서 공에는 웃는 아이의 모습을 그려 넣어 내 심정을 비밀스럽게 표현한 적도 있다. 테니스를 통해서 사회적인 교류, 육체적 건강도 얻을 수 있으나 최고는 정신적인 건강이다.

정신적인 건강을 위해서 즉 스트레스를 해소하기 위해서 테니스를 치기도 하지만, 테니스로도 감당할 수 없는 정신적인 스트레스도 존재한다. 과도한 스트레스는 테니스 경기 중 멘탈에 영향을 심하게 준다. 그로 인해 자신과 다른 사람에게도 커다란 피해가 간다. 자신의 스트레스가 테니스장에서 엉뚱한 사람에게 전가되는 것이다.

인간의 모든 활동에는 의미가 있다. 그러나 동호인의 경우 삶의 의미를 테니스에서 찾는 건 위험하다. 그렇게 되면 테니스를 위한 테니스가 된다. 왜 테니스를 이토록 열심히 해야 하는지 알 수 없는 지경에 이르게 된다. 사람들은 그런 삶을 테니스에 미친 삶이라고 부른다. 테니스에 자신의 모든 삶을 쏟아 넣는 것이다. 동호인에게는 테니스는 취미일 뿐이다. 우상(Idol)이 되어서는 안 된다. 우리의 모든 문제를 해결해 주는 것은 이 세상에 존재하지 않는다. 인간은 진정 육체와 정신의 복잡한 복합체이기 때문이다. 자신의 커다란 문제에 눌려서 상대편에 대한 배려와 존중이 없다면 테니스 자체가 불가능함을 알아야 한다. 우리는 함께하는 이들과 테니스 코트에서 운동할 수 있음을 감사해야 한다. 이것이 바로 아름다운 테니스를 칠 수 있는 테니스 코트에 들어설 수 있는 전제조건(前提條件)이다.

성상 삶 자체의 멘탈이 나간 경우에 어떻게 대처하나요?

준범 삶에 대한 목표 의식(Sense of Purpose)으로 극복하고 있어요. 테니스를 친다는 것만으로 인생의 문제가 해결되는 것이 아니죠. 내가 테니스를 통해서 성취하려는 확실한 목표 의식을 가지려고 노력해요. 물론 삶에 대한 목표가 먼저 있어야 하겠죠.

3-31 삼락(三樂)

테니스의 삼락(三樂)은 무엇일까? 다시 말하면 테니스의 무엇이 그렇게 재미있는 것인가? 처음 테니스를 배울 때 한 선배가 나에게 테니스 삼락이 무엇인 줄 아냐고 질문했다. 그가 가르쳐 준 건 손에 느껴지는 기쁨, 목구멍을 넘어가는 기쁨, 그리고 몸을 씻는 기쁨이라고 했다. 사실 내가 가장 먼저 느낀 즐거움은 무더운 한여름 테니스장에서 마신 시원한 캔맥주를 목에 넘길 때의 즐거움이었다. 그 느낌을 안 후 난 술 중에서 맥주를 가장 좋아하게 되었다. 맥주를 마실 때마다 테니스장을 떠올리면서 목에 넘긴다. 사실 아무리 멋진 곳에서 맥주를 마셔도 테니스장에서 마신 기쁨과는 비교가 되지 않는다. 씻는 기쁨은 냉탕과 온탕이 주는 기쁨이라고 할까? 추운 겨울에 따뜻한 물로 씻으며 근육을 풀어주고, 더운 여름에는 지친 근육을 찬물로 다시 한번 일깨워 주는 씻는 기쁨도 빠뜨릴 수 없다.

가장 느끼기 어려운 기쁨은 테니스 자체의 기쁨, 소위 말하는 그분이 함께하실 때의 기쁨이다. 이것은 그리 자주 경험되는 것은 아니다. 그러나 그 기쁨을 느끼게 되면 더할 나위 없이 행복하게 된다(On Cloud Nine). 기쁨을 느낄 때마다 한 단계 실력이 올라가면서 더 고차원의 기쁨을 찾고자 하는 열망을 갖게 되는 테니스 최고의 기쁨이다.

살면서 테니스보다 더 기쁨을 주는 것을 경험해 보지 못했다. 33년 동안 줄기차게 나의 아침을 설레게 하고 사람들과 함께 나누는 테니스는 신이 내게 허락한 최대 그리고 최장의 기쁨이다. 삶이 뭐 재미있느냐며 푸념을 하지만, 삶은 테니스 하나만으로도 엄청난 기쁨이 넘친다. 그러나 인생이 그러하듯 테니스의 진정한 기쁨은 적어도 3년 이상을 열심히 쳐야 느낄 수 있다. 사실 테니스만 아니라 사람들이 미쳐서 하는 모든 운동에는 나름대로 성년식(成年式)을 거쳐야 한다. 인생은 언제나 쉽지 않고 저절로 이룰 수 있는 것은 없다. 테니스 역시 예외는 아니다.

성상 테니스 삼락에 동의하시나요?

준범 저의 테니스 삼락은 좀 달라요. 공을 들어 올렸다가 놓을 때 느끼죠.

성상 공을 들었다가 놓기만 해도 기쁨을 느낀다고요?

준범 첫째, 공을 들어 올릴 때, 둘째, 공이 떨어지는 위치를 찾아갈 때, 셋째, 공을 쳐서 날려 보낼 때라고 할 수 있어요.

성상 역시 감독님은 테니스 자체의 기쁨 즉, 내재적(內在的) 기쁨을 누리시는군요.

준범 내재적 기쁨이란 어떤 것이죠?

성상 보통 교육의 목적을 말하는 용어죠. 공부하는 이유가 성공이 아니라 공부 자체가 주는 기쁨 때문이라는 거죠.

준범 멋진 기쁨이군요.

성상 사실 멋지기보다는 이상적인 대답이죠. 과연 공부가 재미있어서 하는 사람이 몇이나 되겠어요?

준범 전 공부가 아니라 테니스 자체가 너무 재미있어서 하고 있어요.

성상 교육적인 측면에서 바람직하네요. 스스로 알아서 공부하는 학생들의 특징이죠.

3-32 멈춤

테니스는 발로 하는 운동이라는 말이 있다. 테니스공을 따라가야만 공을 칠 수 있기 때문에 생긴 말이다. 공을 제대로 치기 전에 공에 접근해야 하기 때문이다. 테니스를 잘 치기 위해서 가장 중요한 것은 무엇일까? 테니스는 발로 치는 것이니 스텝이 중요한가? 쫓아가기만 한다면 의미가 없다.

상대가 친 모든 샷의 종류를 알아도 볼을 쫓아가서 서야만 칠 수 있는 것이 테니스이다. 볼은 대부분 생각보다 빠르고 무겁게 느껴진다. 움직이면서 치기에는 아주 거북스러운 존재이다. 테니스를 배울 때 제일 먼저 제자리에 서서 스윙을 배우고, 공을 던져 주면 따라가서 치고, 마지막은 무작위로 오는 공을 칠 수 있게 되면 게임도 가능하게 된다. 그러나 실제로 시합하면 공은 절대로 내 마음대로 되지 않는다. 가끔, 아주 가끔 공이 잘 맞을 때도 있다. 그러면 사람들은 '그분이 오셨다'고 말한다. 왜 공이 그날 그렇게 잘 맞았는지를 정확히 모르기 때문에 나온 말이다. 간혹 이유를 공이 수박처럼 크게 보였기 때문이라고 말하기도 한다. 왜 그날은 공이 그렇게 커다랗게 보였을까? 반대로 공이 정말 안 쳐질 때도 있다. 사실 그런 날이 더 많다고 보아야 할 것이다. 그때 사람들이 주로 하는 말이 있다. 몸에 힘이 가득 들어갔다는 것이다. 너무 긴장해서 근육이 굳어 버리는 현상을 말한다. 대부분 시합에 나가서 아무것도 하지 못하고 나올 때가 있다. 그래서 간혹 사람들은 시합에 나가서 잘하는 사람들을 시합 체질이라고 부르기도 한다.

움직여야만 하는 테니스에서 잘 치길 원한다면 역설적으로 멈추는 법을 배워야 한다. 레슨할 때 코치가 던져 주는 그 볼의 위치에 가서 멈춰 있어야 한다. 'On the ball'이란 말에는 눈치가 빠르고 모든 것을 알고 있다는 의미도 있다. 테니스에 아주 적절한 표현이라고 생각한다. 그래서 'Eye on the ball'이란 모든 상황을 살피고 볼 앞에 멈추어 볼을 보아야 한다. 역설적으로 가장 동적인 운동에서 가장 정적인 동작이 필요하다. 멈춘 후 자신의 스윙을 해야 공이 넘어가는 첫 단계에 도달한 것이다. 우리 삶에서 우리는 언제 멈추게 되는가? 돌아보면, 가장 하고 싶은 일이 생겼을 때다. 너무나 좋은 기회를 놓치고 싶지 않을 때 잠깐 멈추고 사태를 파악해야 한다. 역동적인 삶 속에서 잠시의 멈춤은 너무나도 필수적인 일이다. 멈추는 것은 내가 원하는 곳으로 공을 보내기 위해서 정말 꼭 필요한 동작이다.

성상 감독님의 삶에서 멈추었던 적은 언제인가요?

준범 요즘 같아서는 계속 멈추어 있는 느낌이 들어요. 힘 있게 전진하다 멈추고서 생각하고 싶은데, 그런 추진력을 가지는 것은 쉬운 일이 아닌 것 같아요.

성상 감독님 파이팅! Way to go! You can do it! Vamos!

3-33 성격 유형

사람들의 성격을 유형별로 나누는 것은, 어떤 사람을 잘 이해하고 그 사람과 잘 지내려는 의도가 있다. 그러나 한국에서 아직도 유행하고 있는 MBTI는 그렇지 않다. 1944년 2차 대전 당시, 미국에서 개발한 MBTI는 전쟁 동안 사람의 특성에 맡는 일을 시키기 위해 고안된 것이다. 현재 우리나라 젊은이들은 MBTI를 먼저 확인하고 데이트 상대를 만난다고 한다. 황당한 상황이라는 생각이 든다.

테니스를 오래 치다 보니 같이 치는 파트너는 물론 상대의 플레이 유형과 성격을 파악하게 되었다. 테니스 치는 사람의 성격은 위기 상황에서 적나라하게 드러난다. 경험을 통해서 파악한 유형을 살펴보자.

1. 공격형: 자신이 위기에 몰렸을 때 수비를 하지 않고 공격하는 사람.
2. 안정형: 대부분의 공을 안정적으로 넘겨주며 무리한 공격을 하지 않는 일관성이 있는 사람.
3. 모험 실험형: 자신이 하고 싶은 대로 확률이 낮은 샷을 결정적일 때 보여 주는 사람. 같이 치다 보면 왜 여기서 저런 샷을 칠까 하는 의문과 원망이 생기게 하는 사람.

4. 폼생폼사(Form生Form死)형: 승패는 관계없이 자신의 폼(Form)에 가장 관심이 많은 사람.
5. 막무가내(莫無可奈)형: 승부욕이 매우 강해서 무조건 자신이 다 처리하고 결과는 상관하지 않는 사람.

놀랍게도 테니스 경기 유형이 사람들의 생활 방식과 거의 일치함을 볼 수 있다. 물론 가장 많은 형태는 안정형이다. 다양한 유형의 동호인을 만날 수 있는 것도 아름다운 테니스의 한 가지 요소이다.

성상 감독님은 어느 유형인가요?

준범 저는 폼생폼사와 막무가내의 혼합이라는 생각이 드는데요. 폼도 좋지만, 약간 무리해서라도 승부를 거는 형이죠. 선생님은 어떠세요?

성상 저는 폼생폼사형이죠. 그래서 파트너에게 많이 혼나는 편이죠. 폼만 좋으면 소용없다고. 저는 실력이 부족하면, 폼이라도 좋다는 소리를 듣고 싶어요.

3-34 은퇴 준비

초중교 교사들은 만 62세에 정년퇴직을 한다. 퇴직 전후로 퇴직과 관련된 여러 가지 유튜브를 보았다. 내용은 거의 비슷하다. 해야 할 것과 하면 안 되는 것들을 열거한다. 특히 경제적인 면에서는 연금을 준비하라는 내용과 절대 새로운 사업(자영업)에 뛰어들지 말라는 경고를 많이 한다. 그리고 될 수 있는 대로 퇴직 준비를 미리미리 하라고 한다. 이유는 퇴직 후 밀려오는 시간을 감당할 수 없기 때문이라고 한다.

2021년 8월 31일에 정년퇴직을 했다. 퇴직 후 4년 이상이 흘러갔다. 그동안 간간이 후배들이 강사를 구하기 힘든 고학년 영어 강사를 해 달라고 해서 거의 3년 동안 강사를 했다. 보통 하루 4시간 내지 5시간의 수업을 하고 오면 너무 힘이 들어서, 집에서 퍼져있었다. 다음 날까지 회복하기가 힘들었다. 올해는 아주 여유롭게 보내고 있다. 나도 모르게 퇴직 후 생활에 대한 준비가 된 것을 발견하게 되었다.

새벽 6시부터 테니스를 치고 돌아오면 9시 정도가 된다. 보통 테니스를 치고 나서 회원들과 아침을 먹는다. 메뉴로는 맥모닝(McMorning), 김밥, 라면, 해장국 등이 있다. 요즘 자주 가는 폴바셋(Paul Bassett) 커피숍이 있는 건물에는 LG 직원들이 근무하는데, 자전거를 가게 유리 벽에 세워 놓고 운동 후 아침을 먹을 때의 기분이 좋다. 줄을 길게 서서 엘리베이터를 기다리는 젊은 직장인들 모습을 보고 있으면 퇴직 후의 삶을 실감하게 된다. 아침을 간단히 먹고, 집에 와서 샤워하고 충분히 쉰 다음에 CNN 공부, 영어책 번역, 테니스에 관한 책 쓰기, 쉬는 시간엔 기타를 치고, YBM에서 무료로 제공하는 일본어 강좌를 외우고 있다. 영어는 중학교부터 지금까지 50년을 공부했고, 기타도 50년 동안 노래 반주를 위해 취미로 쳤고, 테니스는 33년을 쳤다.

파고든다는 영어 단어 Intriguing을 좋아한다. Intriguing이란 단어의 영영 사전 뜻은 Extremely interesting, fascinating이다. 'Interesting'이란 한국말로는 재미있다는 의미이다. 정확한 의미로 유익이 된다는 말이고 은행에 돈을 맡겨 놓으면 생기는 이자(利子)를 의미한다. 노력하지 않고 얻을 수 있는 Funny와는 다른 의미이다. Fascinating 역시 좋아하는 단어다. 이 단어는 Interesting에 Appealing (Charming), 즉 매력적인, 뭔가 끌어당긴다는 의미가 있다. 그런데 Intriguing은 Interesting과 Appealing이 최고의 수준(Extremely)까지 간 것이다. 영어, 기타 치기, 글쓰기, 테니스는 정말 Intriguing한 것들이다.

직장 생활을 하면서 정말 Intriguing한 것을 한 가지만 찾아도 퇴직 후 시간이 부족하다. 물론 건강할 때만 가능한 일들이다. Intriguing의 한국어 번역은, (특이하거나 분명한 해답이 없어서) '아주 흥미롭다'이다.

성상 감독님에게 파고들면 들수록 재미있는 것(Intriguing)은 무엇인가요?

준범 물론 저도 테니스죠. 그런 공통점 때문에 이런 책을 선생님과 함께 쓰고 있다고 생각해요. 저는 요즘은 영상 편집에 빠져있어요. 파고들 만하고 재미있어요.

3-35 좌절

33년 동안 테니스를 쳐도 자신이 어떻게 치는지 잘 모른다. 그러나 알 수 있는 방법이 있다. 다른 사람이 말해 주는 것이다. 즉 타자(他者, The Other)의 시선이 필요하다. 자신을 아는 것은 언제나 쉽지 않은 일이다.

테니스 치는 동작이 틀렸다고 말하면 동호인들은 여러 가지 반응을 보인다. 첫째, 기분 나빠 한다. 그런 사람에게는 더 이상 말하면 안 된다. 둘째, 의문을 갖는 사람이 있다. 내가? 아닌데? 왜 그런지 설명해도 건성으로 듣는다. 더 이상 말하면 안 된다. 셋째, 흥미를 갖고 적극적으로 질문한다. 자신이 이제까지 해결하지 못했던 것들의 해답을 찾고자 하는 사람이다. 사람은 다른 사람과의 차이에 민감하고 자신의 변화를 보면서 의미를 찾는 그런 존재이다. 똑같은 동작을 하지만 모든 동작이 조금씩 차이가 나고 그 차이의 반복으로 의미를 만들어간다. 테니스도 예외는 아니다. 그런 과정을 통해서 테니스에 대한 지식은 깊고, 넓어지며, 높아진다.

사람들은 자신의 테니스에 문제가 있다는 소리를 들으면, 우선 부정한다. 30년 가까이 테니스를 쳤는데 이제 와서 고치라고? 정말 좌절이다. 자신의 테니스를 이론적, 실질적으로 실험하고 다져왔는데 허물고 다시 하란 말인가? 이런 상황에서 좌절하지 않을 사람이 있을까? 좌절에서 어떻게 희망으로 전환할 수 있을까? 그것은 코치에 대한 믿음이 결정한다. 상호 믿음이 없는 상태에서 테니스 치는 방식을 바꾸라는 말은 누구에게도 하기 힘든 말이다. 절대적인 신뢰 안에서 실패를 감수하고 확신 가운데 떠나는 하나의 모험과도 같다.

성상 안 감독님이 백핸드 그립이 잘못되었으니, 바꾸라고 했을 때, 테니스 좌절이었죠. 어떻게 바꿀 수 있나, 난 못 바꿔. 그렇게 생각했어요. 감독님은 어떤가요?

준범 저도 비슷한 경험을 했죠. 대만에서 프랑스인 테니스 마스터(Master)의 어시스턴스(Assistance)를 2년 동안 하면서 코치 수업을 받았어요. 그때 그분이 내가 알고 있던 모든 것을 버리라고 했을 때 좌절했어요.

성상 그래도 감독님의 말이 저에게 위로가 되지 않아요.

준범 33년 동안 테니스를 쳤기 때문에 저의 설명을 알아듣고 고칠 수 있는 것입니다. 이해하지 못하는 사람에게는 말해도 소용없어요.

성상 조금 위로가 되네요. 백핸드 이스턴 그립에 조금씩 적응하고 있어요.

3-36 해방구

해방구(解放區, Free Zone)라는 말은 억압이나 구속에서 벗어나 자유를 누리는 근거지, 또는 특정 통치권의 영향력이 미치지 않는 지역을 말한다. 자유를 얻기 위해 투쟁한 결과로 얻는 곳이라는 의미이다. 나는 새벽마다 테니스장에 갈 때 해방구로 가는 느낌이다.

20년 전에 돌아가신 나의 아버님은 폐암으로 1년 동안 병원에 입원해 계셨다. 형제들은 교대로 3일에 한 번씩 아버지를 간호해야 했다. 사선을 넘나드는 중환자들 사이에서 밤을 새운 후, 병원을 나서면 무조건 테니스장으로 달려갔다. 테니스장은 나의 해방구였다. 먼저 밤을 새우면서 아버지를 간호하는 곳에서 해방이 되었다. 지친 몸과 무거운 몸에서 해방을 줄 수 있는 곳이었다. 또 학교에서 아이들로부터 받는 모든 스트레스로부터 해방되는 그러한 자유로운 공간이었다. 자유는 속박이 없는 상태로 소극적인 개념이다. 아무런 속박이 없는 것, 내 맘대로 하는 것이 아니라 구속이 없는 해방된 상태가 자유이다. 누가 나를 이래라저래라 하지 않는 것. 그러면서 남에게 피해를 주지 않는 것이 참 자유이고 해방이다.

테니스장은 나에게 완벽한 해방구이다. 정해진 규칙 속에서 네트를 사이에 두고 자신이 할 수 있는 모든 걸 할 수 있는 자유로운 곳이다. 우리의 일상에서 우리를 억압하는 모든 것으로부터의 해방 그 자체인 것이다. 아침마다 또는 정해진 시간에 많은 동호인들이 테니스장에 모여드는 이유이다.

성상 감독님에게 테니스장은 무엇인가요?

준범 치료의 장소(Healing Place)라고 할 수 있죠. 평화와 안식을 주는 곳이죠. 저는 테니스장 자체만을 바라볼 때는 '불 꺼진 법정'으로 보여요.

성상 평화롭기는 한데 불이 켜지면, 어떤 일이 벌어질지 상상이 되네요.

3-37 정글

테니스장은 동호인에게는 정글(Jungle)이다. 약하거나 병이 생기면 있을 수 없는 곳이다. 누구도 도와주지 않는다. 동물의 왕국을 보면 야생의 동물 중 최상위 포식자(Apex Predator)도 병들거나 약해지면 쓸쓸히 혼자 죽는다.

테니스를 치면서 다치면 참으로 무기력함을 느끼고 사는 맛이 사라진다. 사실 아픈 상태로 테니스장에 나가면 같은 클럽 회원들이지만 테니스를 칠 수 없는 회원은 의미가 없다. 칠 수 없는 상태가 된다면 스스로 테니스장에 가면 안 된다. 테니스를 처음 시작한 30대 때 목동 테니스장에서 70, 80대 어르신들이 큰 라켓을 들고 별로 뛰지도 않고 위에서 아래로 슬라이스만 치는 것을 보고 참 희한하다고 생각했다. 동호인 누구도 뛰지 못하는 파트너를 원하지 않는다. 그래서 자신의 신체 능력에 맞는 사람들과 함께 치는 것이 좋다. 테니스장은 확실한 정글이기 때문이다.

별로 잘 치지 못했던 젊은 회원들이 점점 실력이 늘어서 최상위 포식자가 된다. 또는 다른 정글에서 우리 정글로 옮겨오기도 한다. 이때 서열은 무조건 실력이다. 경기에서 지면 아래로 내려가야 한다. 누구도 접대 테니스를 하고 싶지 않지만 나이 들면 누구나 접대 테니스를 받고 싶어 한다. 그래서 나이 들어서 처신을 잘해야 한다는 말이 나오는 것 같다. 다만 최상위 실력자에게 아래 있는 동호인들은 자비를 기대할 뿐이다. 이처럼 살벌한 정글이 이 세상에 어디 있을까?

성상 테니스장은 정글인가요?

준범 예전에는 강한 자만 살아남는 정글로 생각했지만, 요즘은 정글 속에서도 협업과 팀워크(Teamwork)가 이루어지는 약간 덜 살벌한 정글이라고 할 수 있죠.

성상 정글이긴, 정글이네요.

준범 당연한 거죠.

테니스 꿈나무

3-38 유산

테니스 동호인들은 누구나 가족들과 테니스를 치고 싶어 한다. 자신이 가장 좋아하는 것을 함께 나누고 싶은 마음을 가지고 있기 때문이다. 그러나 그것은 꿈에 불과하다. 꿈을 실현한 사람들은 간혹 만나지만 그건 거의 불가능한 일에 가깝다. 우리 클럽에서 가족과 테니스를 즐기는 회원은 17명 중 단 1명이다. 그 한 명이 나다. 어릴 땐 부모님에게 끌려 나와서 테니스를 치지만 성인이 되어서 스스로 테니스장에 나오는 경우는 내 딸 외에는 우리 클럽에서 본 적이 없다. 지난달에는 딸과 테니스 여행도 다녀와서 성공적으로 테니스 유산을 물려주고 있다.

딸과 함께 테니스를 치기 위해서 얼마나 많은 시간과 돈을 투자했던가? 40대에는 테니스 코트를 한 달 빌려서 온 가족을 데리고 테니스를 가르쳐 준 적도 있으나, 유일하게 딸만이 살아남았다. 장소뿐만 아니라 테니스 자체를 즐길 수 있으려면 서로 많은 시간을 내야 한다. 테니스를 정말 좋아하지 않으면 불가능하다.

요즘 젊은 친구들이 테니스를 하는 것을 보면 어쩌다가

저렇게 남의 자식들이 테니스를 즐기게 되었나 신기하기만 하다.

성상 결혼 후 자녀가 생기면 물려주고 싶은 것은 무엇인가요?

준범 자신의 안전과 편의 그리고 여유를 즐길 수 있는 순발력과 판단력을 물려주고 싶어요. 예를 들어서 식탁에서 무엇인가 떨어질 때 한 번에 받을 수 있고, 위험으로부터 빠른 동작으로 피할 수 있는 능력. 이런 능력을 테니스로 기를 수 있다고 생각해요.

성상 감독님 참으로 독특하군요. 테니스 역량(力量, Capability)의 일상화(日商化)라고 표현할 수 있네요.

3-39 부모

테니스 꿈나무는 상당히 희망적인 말이다. 그러나 꿈나무 안에는 상당히 고통스럽고 힘든 부모의 역할이 담겨 있다. 요즘 운동으로 성공하려면, 적어도 세계에서 100위 안에 들려면, 네 살 이전에는 시작해야 하고, 꿈나무가 성장하기까지 부모들은 우리가 상상하는 그 이상의 힘든 과정을 겪어야만 한다.

테니스 꿈나무와 관련된 세 부모에 관한 이야기다. 처음 만난 꿈나무는 초등학교 5학년 여자아이였다. 20년 전쯤 수원 경희대 캠퍼스 코트에서 테니스를 치고 있었다. 너무 아이가 예쁘고 잘 쳐서 물끄러미 쳐다보고 있었다. 아이 아빠가 나를 힐끗 보더니 자기 딸과 시합을 한번 하라고 했다. 나는 아무리 어린 여자아이라 해도 선수와 시합할 수 있는 것이 너무 영광스럽게 생각되었다. 힘을 다해서 쳤더니 어쩌다 간신히 이겼다. 이것은 나의 커다란 실수였다. 아빠는 내 앞에서 딸을 무척 혼냈다. 나는 너무 민망해서 자리를 빨리 떠났다.

또 한번은 수년 전 정확한 장소는 기억나지 않지만 인제와 원통 부근의 커다란 테니스장으로 테니스 여행을 가게 되었다. 근처 지역에 사는 백 명 넘는 꿈나무들이 열심히 테니스를 치고 있었다. 아주 어린 아이들이 아주 예쁜 동작으로 땀을 흘리면서 테니스 하는 모습을 보았다. 테니스장에 있는 차들은 대부분 외제였다. 테니스 꿈나무는 재력 없이는 불가능함을 두 눈으로 분명히 보았었다. 그곳에서 만난 한 아빠는 자기가 테니스를 좋아해서 아이에게도 테니스를 시켰는데, 아이가 너무 테니스를 좋아하고 잘해서 자기는 테니스를 그만두고 아이를 지원하기로 했다는 것이다. 한마디로 꿈나무를 키우기로 한 것이다.

최근에 꿈나무를 성공적으로 키운 권순우 선수(최고 순위 세계 52위) 아빠 권영훈 선생님과 테니스 동호회에서 일 년 정도 함께 테니스를 쳤다. 아빠는 그랜드슬램 경기를 권순우와 함께 갔던 기억, 어렸을 때부터 시합장을 함께 다니면서 선수들 또는 그 부모들과 친해졌다는 이야기를 했다. 정말로 시간과 돈이 필수적으로 들어가는 꿈나무 육성인 것이다.

테니스 꿈나무를 키운다는 것은 그냥 되는 게 아니다. 그야말로 부모들이 밑거름이 되어주지 않으면 불가능하다. 부모의 적극적인 도움이 있을 때 꿈나무는 거대한 멋진 나무로 성장할 수 있다.

성상 꿈나무를 어떻게 알아볼 수 있나요?

준범 상당히 어려운 문제인데, 테니스 영재를 알아볼 수 있는 프로그램의 개발이 시급하다고 생각해요.

3-40 서포터즈(Supporters)

어릴 때 아버지를 따라서 권투 경기장에 자주 갔다. 특히 가장 기억에 남는 것은, 1966년 우리나라 김기수 선수가 이탈리아의 선수 벤베누티(Gianni Benvenuti)를 꺾고 세계 챔피언이 되는 것을 직접 볼 수 있었다. 8살 때였던 것 같다. 아버지는 권투를 좋아하셔서 중고등학교 때 권투를 했고, TV에서 권투가 나오면 열심히 보셨다. 경기장에도 자주 나를 데리고 가셨다. 그래서 그런지 내가 어렸을 때 우리 집에는 권투 글러브가(Boxing Gloves) 항상 있었다. 어린 동생들을 대상으로 불공평한 연습을 했던 기억이 난다. 아버지의 더 놀라운 것은 권투 유망주를 키우기 위해서 돈을 많이 쓰셨다는 것이다. 그 선수의 경기는 꼭 찾아가서 보고, 기뻐하기도 하고 안타까워도 하셨다.

테니스 회원 중에도 명지대학교 여자 테니스부에 서포터즈(Supporters)를 했던 사람이 있었다. 그 당시 신순호 감독이 팀을 이끌다가 지금은 은퇴하셨다. 신 감독은 서포터즈들에게 필요한 조언도 해주었다. 너무 좋았다. 잠시라도 선수가 된 기분이었다. 그리고 테니스를 치고 나서 함께 식사했던 좋은 기억이 있다.

나도 요즘 어린 친구들이 테니스 하는 걸 보면 서포터즈가 되고 싶은 마음이 든다. 그러나 마음만 있지 선뜻 하지는 못한다. 시간과 돈과 마음이 함께 해야 하기 때문이다. 그러고 보면 명지대학교 서포터즈를 했던 사람과 우리 아버지는 정말 권투와 테니스를 좋아했을 뿐만 아니라 사랑을 몸으로 실천한 경우라 할 수 있다. 사람은 참으로 놀라운 존재이다. 자기가 정말로 좋아하는 것에 대해 아까워하지 않는다. 나도 언젠가는 어린 테니스 선수의 서포터즈가 되고 싶다.

성상 감독님도 서포터즈를 해본 적이 있나요?

준범 마음으로는 어린 선수들 모두를 후원하고 있죠. 물질적으로 후원했던 선수는 미국에서 유학 중인 장우혁 선수입니다.

성상 좋군요, 좋아요.

3-41 영재

교직 생활을 하면서 진급 외에는 모든 것을 다 경험했다고 생각한다. 여러 가지 귀한 경험 중에서 영재 수업과 관련된 경험은 잊을 수 없다. 후배의 추천으로 강서양천교육지원청 내에서 선발된 과학 영재 50명에게 강의를 할 수 있는 기회가 있었다. 주제는 '직업 선택의 기준'이었다. 나는 중앙대학교 건축과를 나오고 포스코(POSCO)에서 3년 동안 근무를 하다, 다시 서울교대에 1학년으로 입학했기 때문에 직업에 관해 할 말이 많았다. 사실 학생 시절에는 여러 가지 이유로 교사란 직업을 무척 싫어했다. 그런데 군대에 가서 장교들의 자녀를 가르치면서 가르치는 직업이 내게 맞다는 것을 알게 되었다.

교사를 하면서 주로 고학년 담임을 했기 때문에 실과 시간에 학교에서 진로 교육을 하게 된다. '좋아하는 직업을 가질 것인가?', '잘하는 직업을 가질 것인가?'라는 질문으로 진로 교육을 시작했다. 내가 평소에 가르친 아이들은 9:1 비율로 잘하는 걸 택한다. 그런데 영재 아이들은 달랐다. 우리 반 아이들에게 했던 똑같은 질문을 했다. 영재 아이들은 9:1로 좋아하는 걸 직업으로 가지겠다고 했다. 정말로 놀랐다. 이래서 영재구나라는 생각이 들었다. 영재 아이들은 좋아하는 걸 직업으로 가져야 한다는 것을 조금도 의심하지 않았다. 정말 그때 신선한 충격을 받았다. 영재 아이들은 자신이 좋아하는 것을 아주 어릴 때부터 발견하고 그것이 자신들이 잘하는 것과 일치됨을 즐기는 아이들이었다. 놀랍게도 정말 재능이 있는 사람들은 그 분야를 아주 어릴 때부터 좋아해서 열심히 노력한다. 이것이 테니스에도 적용이 된다. 세계적인 선수들은 모두 어릴 때부터 자신이 테니스를 좋아하고, 매우 잘한다는 것을 발견하고 거기에 성실함과 꾸준함을 더한 사람이다.

성상 테니스 영재는 어떻게 알 수 있나요?

준범 대만에서 코치 생활을 하면서 프랑스의 '마빈 테니스'라는 테니스 영재 발굴에 대해 들었어요. 간단한 방법으로 팔꿈치를 고정한 후 얼마나 팔을 빨리 흔들 수 있는가 보는 방법과, 동체 시력을 측정하고 왕복 달리기 능력 등을 측정하는 프로그램입니다. 테니스 영재의 확실한 판단 기준은 타고나면서부터 가지고 있는 운동 기능(Motor Skill)에 있다고 봐요.

테니스 낭만(浪漫)

3-42 구력(球歷)

테니스를 치는 사람들은 서로 치는 것을 보면 대충 구력이 어느 정도인지를 알 수 있다. 사람들이 간혹 내 구력을 물어볼 때가 있다. 구력이 30년이 되기 전까지는 25년이라고 줄여서 말했다. 그러나 구력 33년이 된 나는 요즘 무조건 35년이라고 한다. 내 구력이 35년이 되면 구력을 40년으로 올릴 것이다. 사람이 살면서 받을 수 있는 축복 중에 가장 놀라운 축복은 테니스 구력이 60년이라고 생각된다. 90살까지 살아서 테니스를 친다면 이 세상에 그보다 더 좋은 일은 없을 것이다. 내가 50대 때는 난 90살까지 테니스를 칠 수 있다고 생각했다. 그러나 척추 협착과 디스크로 3주 동안 꼼짝 못하고 침대에 누워있게 되니 66살까지 친 것도 기적이란 생각이 든다.

테니스 구력은 그 사람의 테니스에 대한 사랑을 말해 준다. 신이 허락한 은혜이다. 아무리 테니스를 사랑해도 건강, 시간, 돈 중 한 가지 문제만 걸려도 테니스를 칠 수 없기 때문이다. 어떤 사람이든 수입, 사회적 지위와 상관없이 구력이 많은 사람에 대해 나는 깊은 동료애(同僚愛, Fraternity)를 느낀다. 구력이 많은 사람들은 테니스를 치면서 다투어서는 안 된다. 테니스장은 세상에서 가장 아름다운 것을 서로 나누는 정말 좋은 것이다. 싸우지 말고 구력을 인정하고 서로 실력을 보여 주어야 한다.

구력은 실력이 아니다. 구력은 테니스에 대한 사랑이다. 그러므로 구력을 자랑하고 구력을 보여 주어야 한다. 대부분 구력은 실력과 비례하지만 60세가 넘으면 구력과 실력보다는 체력이 문제이다. 페더러도, 나달도, 조코비치도 사라진 테니스 판에 알카라즈와 시너가 나타났다. 동호인의 세계에서도 마찬가지이다. 많은 구력을 가지고 있는 사람들은 힘차고 젊은 사람들에게 길을 내주고, 어떻게 하면 아름다운 테니스와 더 오래 사랑에 빠질 수 있는가를 가르쳐 주어야 한다.

성상 감독님은 언제부터 테니스를 시작했나요?

준범 저는 10살부터 테니스를 시작했죠. 그러나 아무리 오래 테니스를 쳤어도 자신의 움직임을 설명할 수 없다면 구력은 무의미하다고 생각해요. 그런 의미에서 저는 구력 0년이라고 생각해요.

성상 감독님 너무하신 것 아닌가요? 저는 구력을 부풀려서 말하는 것이 기쁨인데, 그런 사람 앞에서 너무하신 것 아닌가요?

준범 아니요, 동호인과 선수 출신 전문인의 차이라고 생각해요. 외과 의사로 비유를 들자면 수술을 오랫동안 했다는 것이 중요한 것이 아니라, 정확하게 생명을 살릴 수 있는 수술을 해야 명의(名醫)라고 할 수 있잖아요.

성상 조금 이해가 되는 것 같아요. 많은 구력을 가지고 있어도, 자신의 움직임에 대한 이해가 전혀 없는 동호인들을 만날 때도 있어요.

준범 움직임에 대한 정확한 이해가 뒤를 따라주어야 정확한 동작을 할 수 있어요. 알고 있다고 그것을 실행할 수 있는 건 아니지만, 저는 아는 건 꼭 필요하고 그것이 진정한 구력이라고 생각해요.

3-43 정의(定義)

교직을 마치면서 두 권의 책을 썼다. 하나는 《교육에너지》, 다른 하나는 《철학자의 교실수업》이다. 《교육에너지》란 책은 교직 경험에서 얻은 것들을 교사의 입장으로 썼다면, 《철학자의 교실수업》은 철학자들을 가상으로 교실 현장에 불러서 수업을 진행했던 실로 실험적인 책이었다. 이번에도 다시 철학자들을 불러서, 테니스란 무엇인가에 대해서 알아보고자 한다.

플라톤(Plato): 테니스란 테니스 이데아(Idea)의 세계를 탐구하는 것이다. 가장 완벽한 테니스는 이 세상에 존재하지 않는다. 오직 이데아의 세계에서만 존재한다. 완벽한 테니스에 가장 근접한 사람들은 세계 최고의 테니스 선수들이다. 테니스 세계는 그들에 의해 지배되고, 그들이 다스려야 한다. 테니스의 모든 것, 기술, 체력, 정신력 그리고 인간관계도 최고에 의해 지배되어야 테니스 이데아의 세계가 이 땅에서 실현된다.

데카르트(Descartes): 먼저 테니스 세계에 완전한 것(테니스 이데아)이 존재한다는 생각을 의심해 보아야 한다. 테니스장에서 일어나는 모든 일을 의심해 보고 누구도 의심할 수 없는 것을 기초로 테니스를 그 위에 정립해야 한다. 그것은 "나는 생각한다. 고로 나는 존재한다(I think, therefore I am)"이다. 합리적이며 이성적인 접근이 없는 테니스의 경험은 믿을 수 없고, 어떤 면에서 의미가 없다. 이성적이고 합리적으로 시합을 하고 인간관계도 형성할 때 의심할 수 없는 완벽한 테니스를 실현할 수 있다.

흄(Hume): 테니스를 이성(理性, Reason)으로 접근한다는 것은 마치 머리로 테니스를 익힐 수 있다고 생각하는 것과 같다. 우리 몸으로 경험하지 않으면 테니스는 익힐 수 없으며, 즐길 수도 없다. 그러나 모든 것을 경험할 수 없고 내가 경험한 마지막 테니스가 이전의 것들과 완전히 다를 때 나의 테니스는 무너지게 된다. 정말 올바른 테니스란 무엇인가? 알 수 없는 것이 테니스이다.

칸트(Kant): 테니스를 경험(몸으로 배운 테니스)과 이성(머리로 배운 테니스)의 차원에서 접근한 것은 당연한 접근이다. 그러나 둘을 종합하지 않으면 테니스를 익힐 수 없다. 이성은 고유의 사고 형식을 가지고 있어서 우리가 인식하지 못하는 어떤 것(물 자체, Things in itself)이 사고의 형식 속에 들어올 때 우리는 그것을 사고의 재료로 삼는다. 그러므로 둘 다를 소홀히 해서는 테니스에 올바로 접근할 수 없고, 종합적(綜合的)으로 접근할 때 가능하다.

후설(Husserl): 테니스를 사고의 대상으로 생각하는 것은 우리의 삶과 동떨어져 있다고 생각한다. 테니스는 우리의 사고 체계 속이 아니라 생활 세계(生活世界) 속에 존재하는 것이다. 그러므로 생활 세계인 생활 지평(Horizon)은 사람마다 다르며 그것을 이해하는 방식도 전혀 달라서 일반화할 수 없다. 테니스를 치는 사람들에게 테니스공은 놀이기구지만, 테니스를 전혀 모르는 옆집 아저씨에게는 식당 의자의 발 받침대에 불과한 것이다. 그러므로 같은 테니스를 즐기고 있어도 전혀 다른 삶의 지평 속에서 각자 다르게 이해하고 있음을 알아야 한다.

소쉬르(Saussure): 테니스에 의미를 주는 것은 테니스가 가지고 있는 절대적 의미에서 오는 것이 아니다. 테니스가 테니스인 이유는 테니스와 다른 운동들이 존재하기 때문이다. 만일 테니스 코트를 무인도로 옮겨 놓는다면 전혀 다른 용도로 모든 것들이 사용될 것이다. 그러므로 우리 삶을 가능하게 하는 구조 속에서 테니스를 즐길 때 그 의미가 살아나며 테니스가 의미를 갖게 된다.

들뢰즈(Deleuze): 테니스의 의미는 차이의 발생에서 생긴다. 차이의 발생을 변화라고도 말할 수 있다. 어떤 곳에서 테니스를 하든지, 테니스에 대한 기억들은 차이를 발생시키고 그 의미는 깊이와 넓이를 더해 간다. 특히 차이에 관하여 그

것을 잘못이라고 규정하고 무시해서는 안 된다. 여러 사람이 다양한 형태로 테니스를 즐길 때 발생되는 차이로 인하여 테니스에 대한 또 다른 의미가 발생하기 때문이다.

성상 이 글은 테니스에 대한 무리한 철학적 접근이라고 생각해요. 감독님은 테니스에 대한 접근 중 어느 철학자가 마음에 들고 그 이유는 무엇인가요?

준범 저는 테니스를 직업으로 하는 사람이라 저에게 테니스는 '선택'이라고 할 수 있어요. 제가 선택한 것에 대해서 어떤 일이 있더라도 저의 삶 가운데 책임져야 하는 것.

성상 감독님 말씀을 들으니, 제가 다루지 않았던 실존철학(實存哲學)이 떠오르네요. 프랑스의 철학자 장 폴 사르트르(Sartre)가 말한 '실존(實存)은 본질(本質)에 앞선다'. 우리의 선택이 우리를 만드는 것이지 주어진 어떤 것이 우리를 지배할 수 없다는 매우 인본주의(人本主義)적인 접근이군요. 감독님은 왠지 프랑스와 잘 맞는 것 같아요.

3-44 용어

테니스 경기를 하다 보면 테니스 용어가 대부분 영어임을 알게 된다. 동호인들이 흔히 사용하는 용어의 뜻을 더 자세히 알아보자.

에드 코트(Ad Court), 듀스 코트(Duce Court)의 경우 스코어(Score)에서 온 용어이다. 듀스가 되는 코트가 듀스 코트이고, 한 번 더 이기면 되는 코트가 에드 코트이다, AD는 Advantage(유리한)의 약자이다. 테니스 코트의 라인은 제일 아래에 위치해서 베이스라인(Base Line), 서브가 인정되는 선인 서비스 라인(Service Line), 단식 경기(Single Match)를 할 때 사용하는 싱글 사이드라인(Single Sideline), 복식 경기(Doubles Match)에서 더블 사이드라인(Double Sideline), 두 라인 사이를 엘리(Alley), 즉 골목이라고 부른다. 서비스를 넣어야 하는 구역을 서비스 에리어(Service Area)라고 한다. 베이스라인과 서비스 라인 사이에 있는 공간은 데드존(Dead Zone)인데, 복식이든 단식이든 이 지역에 있으면 죽음이라는 의미가 있다. 발리를 하기도, 스트로크 하기도 쉽지 않은 지역이라 붙여진 이름이다. 그러므로 시합 중에는 절대 들어가지 않도록 주의해야 한다.

다음은 경기 중에 사용되는 용어들이다. 먼저 풋폴트(Foot

Fault)는 서브할 때 베이스라인을 조금이라도 밟으면 반칙이라고 선언하는 용어다. 폴트(Fault)는 서브가 서비스 공간에 들어가지 않을 때 선언된다. 사실 폴트라고 크게 소리치지만 그 뜻은 잘못이라는, 듣기 좋은 말은 아니다. 동호인들이 서브할 때 발음을 잘못 알고 있는 것이 렛(Let)이다. 보통 서브한 공이 네트에 맞았기 때문에 넷(Net)이라고 말하는데 정확한 의미는 렛(Let) 즉, 다시 하라는 의미이다. 그래서 시합 중에 물건이나 사람이 실수로 코트에 들어오면 'Let'이 선언되면서 다시 경기를 진행하게 되는 것이다. 토스(Toss)는 공을 던지는 걸 의미한다. 서브 앤 발리(Service and Volley)는 서브를 넣고 네트로 다가가 발리를 하는 것을 말하며, 리턴 앤 발리(Return and Volley)는 상대의 서브를 리턴 후 발리를 하기 위해서 네트로 다가가는 걸 말한다. 여기서 Volley ball 즉 배구와 테니스의 차이를 알 수 있다. 코트에 공이 닿아도 되는 것이 테니스, 공이 코트에 닿으면 안 되는 것이 발리이다. 그래서 Table 위에서 하는 Tennis란 의미로 탁구가 Table Tennis가 된 것이다. 포치(Porch)와 어프로치(Approch)도 서로 다른 개념이다. 네트 앞에 서 있다가 발리를 하기 위해서 주로 옆으로 다가가서 네트를 넘어오는 공을 가로채면 포치, 네트에서 떨어져 있다가 스트로크하거나 발리를 하면서 네트로 다가가면 어프로치라고 한다. 낫 업(Not

Up)은 공이 자신의 코트에서 두 번 바운드된 다음에 치는 것을 말한다. 계속 경기가 진행(Up)될 수 없다(Not)는 의미이다. 오버 네트(Over Net)는 상대가 친 공이 네트를 넘어오기 전에 치는 것이다. 넷 터치(Net Touch)는 네트에 라켓이나 몸이 닿는 경우이다. 두 경우 모두 실점한다.

매치 포인트(Match Point)는 경기가 끝나기 직전 포인트를 말하고, 브레이크 포인트(Break Point)는 서브권을 가진 팀에게서 게임을 따기 직전을 말한다. 게임 포인트(Game Point)는 서브권을 가진 팀이 한 게임을 따기 직전의 포인트이다. 언포스드 에러(Unforced Error)는 상대방의 칠 수 있는 공을 자신이 실수한 경우, 포스드 에러(Forced Error)는 상대가 잘 쳐서 실수한 경우, 위닝 샷(Winning Shot)은 서브로 에이스를 하는 것처럼 스트로크로 상대가 손댈 수 없는 곳에 보내서 점수를 따는 경우를 말한다.

성상 테니스 영어 중 제일 좋아하는 용어는?

준범 'Not up!'이란 표현을 좋아해요. 이제 끝이란 뜻이죠. 그러므로 그 상황이 오지 않도록 마음속으로 'Don't hesitate(망설이지 마)!'라는 말을 하죠. 움직임의 연속성을 웅변적으로 말하는 표현이죠.

3-45 자연(自然)

테니스 치는 사람들의 가장 큰 관심 사항은 드라마나 정치가 아니라 일기예보(日氣豫報)다. 특히 실외 테니스장을 임대해서 사용하는 클럽의 경우 날씨를 항상 살펴보게 된다. 그래서 구력이 오래된 동호인들은 일기예보가 비가 예보했다 할지라도, 하늘을 보면 클레이 코트와 인조 코트, 카펫 코트, 하드 코트에서 칠 수 있는지 없는지를 판단할 수 있다. 물론 회원 중에 부지런한 사람이 먼저 장소에 도착해서 알려 주면 좋겠지만, 테니스를 20-30년 치면 웬만한 것은 알 수 있게 된다.

한마디로 자연에 대해서 민감하게 되는 것이다. 물론 처음 테니스를 시작할 당시, 자연에 관해 커다란 관심이 없었다. 테니스를 치면서 느끼는 바람, 하늘, 별, 그리고 구름 심지어 달, 가장 강력한 태양까지 모두가 테니스를 이루는 요소임을 알게 되고 자연과 친해졌다. 특히, 어떤 코트는 계절마다 꽃의 향기가 달라지는 것을 알 수 있다. 보통 자기가 치는 테니스장 주위에 어떤 나무와 꽃들이 피는 줄을 알게 된다. 그리고 클레이 코트 경우에는 계절마다 표면의 수분이나 경도가 바뀌는 것을 느끼고, 바람이 부는 날은 마치 황사 폭풍우 가운데 있는 특별한 경험도 하게 된다. 가을에는 수북하게 쌓인 낙엽을 치우는 일과 추운 겨울에 수북하게 쌓인 눈 역시 테니스장이 내게 선사하는 낭만이다.

실외 테니스는 자연의 변화에 민감해서 시로 자연과 테니스의 관계를 표현하고 싶은 생각도 든다. 내 기억에 여러 편의 시(詩)를 썼다. 물론 공을 쳐서 스트레스를 풀기도 하지만, 주위에 변해가는 자연을 보고 꽃, 바람 냄새를 통해서 우리가 자연의 일부분임을 깨닫게 된다. 우리 자신을 자연 속에서 돌아보게 된다.

성상 테니스장과 자연의 관계에서 가장 민감하게 느끼시는 것은 무엇인가요?

준범 새벽 공기죠. 선수들을 데리고 투어를 다닐 때 경기하는 날 새벽이슬과 새벽 공기를 테니스장에서 맞이하는 것을 가장 좋아해요. 코트의 상황을 파악하는 척후병(斥候兵)과 같은 느낌이죠. 물론 모닝커피와 함께.

성상 그럼, 커피는 당연히 아메리카노인가요?

준범 아니요, 에스프레소(Espresso)입니다.

성상 멋있어요. 커피 향이 느껴져요.

3-46 시(詩)

나가사키 카스테라

황톳빛

부드러운 바닥에

반짝반짝

조그마한 설탕 조각

비 온 뒤

롤링된 테니스장

달콤 보들

나가사키 카스테라

2019. 06. 11.

2025. 08. 23. 06:00 토

06:00 35년 동안 몸이 기억하는 시간

06:05 테니스 라켓 없이 BMC를 끌고 나온다

06:06 학교 앞 산자락 길 들어서면 익숙한 산 내음

06:07 곧고 길게 난 길 위로 걷고 뛰는 사람들

06:08 항상 내게 시간을 보여 주는 세탁소 시계

06:08 시장 속 반찬가게 갓 만든 고사리나물

06:09 편의점 앞 신호등 어기고 건너는 바쁜 여인

06:10 짙은 화장의 술집 주인아줌마의 가게 앞 청소

06:12 밤새 참았던 담배 연기를 시원하게 내뿜는 길로 나온 병원 환자들

06:14 익숙하지 않은 동작으로 유모차에 폐품을 줍는 할머니

06:16 걷기 힘든 아버지를 운동시키는 딸

06:18 로드 자전거를 타고 대로로 힘차게 달려 나가는 사람들

06:19 낡은 자전거를 불안하게 타고 가는 노인

06:20 공원 옆길에 과일과 채소 판을 차려 놓은 젊은 청년들

06:20 운동을 멈추고 몰려든 아주머니들

06:22 길고 힘차게 난 자전거 도로 위 녹색 아디다스 손목시계

06:30 어느덧 고층 아파트 위로 솟아오른 커다란 태양

06:33 카페 넓은 유리창에 비친 자전거 위의 빨간 아디다스 운동화

06:34 선선해진 여름의 끝자락에 여행 가방을 들고 떠나는 젊은 부부

06:35 끝까지 내게 길을 양보하지 않는 비둘기 떼

06:38　1톤 트럭에 작업할 공구와 자재를 싣고 있는 아저씨

06:39　초등학교 앞에서 최고 속도로 달린 뒤 바라본 작동 멈춘 속도계

06:40　마지막 작은 출입구 언덕을 안도하며 오른 불안한 내 허리와 다리

2025년 4월부터 9월까지 척추 협착과 디스크로 6개월 동안 테니스를 칠 수 없었다. 8월부터 자전거로 재활 훈련을 했다.

3-47 식당(食堂)

요즘 식당에 가면 좋은 식당임을 증명하는 표시가 있다. 세계적으로 유명한 것은 타이어 회사가 만든 미쉐린 마크이다. 미쉐린이 인정하는 식당들이 많이 있지만, 우리나라 사람들에게 인정받은 마크도 있다. 블루리본과 백년가게이다. 100년 동안 가게를 실제로 운영한 곳도 있지만 30년 이상을 기준으로 하고 있다.

이번 글에서는 테니스를 치고 방문한 식당 중에서 10년을 넘긴 가게를 소개해 보고자 한다. 가장 먼저 강화도에 있는 '외포리꽃게집'이다. 15년 전 우연히 알게 되었지만, 학교에 근무할 때는 교사들과도 갔고, 테니스 여행을 마치고 돌아오는 길에 우리 회원들과도 들렀다. 일 년에 한 번 이상은 꼭 들르는 아주 아늑하고 멋스러운 식당이다. 참고로 여자 사장님은 향토학(鄕土學) 전공 박사(博士)님으로 강의를 나가고 계신다.

두 번째는 이상민 테니스 코치로부터 20년 전에 소개받아서 요즘도 다니는 횟집이다. 인천 월미도에 있는 '덜렁이네'이다. 무슨 회를 월미도에서 먹냐고 할 수 있으나, 한번 방문하고 나면 모든 의심은 사라지게 되는 싱싱하고 맛있는 회를 마음껏 먹을 수 있는 곳이다.

사실 내가 제일 좋아하는 식당은 신월동 '광양 불고기'이다. 25년 전부터 그 자리를 지키고 있는 정말 맛있는 광양식 숯불 불고기이다. 가격은 싼 편은 아니지만 먹고 나면 또 가지 않을 수 없을 만큼 좋은 집이다. 여자 사장님은 그 맛을 보존하기 위해 주방을 나오지 않고, 남자 사장님은 열심히 숯불을 운반하신다. 특히 식전 광양의 매실차, 식후에는 수정과를 주는데 그 맛이 천상의 맛이다. 또한 반찬에는 언제나 홍어회가 나오는 특별한 집이다.

다음은 마포 '조박집'이다. 많은 사람들에게 잘 알려진 곳이다. 이 집은 돼지갈비 맛보다 동치미에 국수말이, 양푼에 끓여 주는 두부된장찌개와 총각김치, 파채 등이 고기와 함께 하얀 쌀밥을 한없이 입으로 들어가게 하니 단단히 결심하고 가야 한다. 20년 넘게 다녔는데 예전에 봉사해 주시는 분들은 세월을 이기지 못하고 은퇴하셨다. 새로 온 분들도 참으로 친절하게 잘 섬겨 주신다.

7, 8년 전부터 토요일에는 김포 양곡 테니스장에서 테니스를 치는데 가까운 곳에 있는 '평천부대찌개'집이 있다. 보쌈이 정말 맛있다. 여자 사장님과 이런저런 이야기를 나누면서 맛있게 식사를 할 수 있는 정겨운 집이다.

신도로 회원들과 테니스 여행을 떠나면서 새로운 단골집

'다람쥐 방앗간'에서도 별미를 맛볼 수 있다. 신도에서 채취한 완전 국산 도토리로 만든 여러 가지 메뉴가 특색이 있다.

여러 식당을 소개했는데 이들 식당의 공통점 하나가 있다. 식당 외부뿐만 아니라 내부에도 정성스럽게 가꾸는 식물을 발견할 수 있는 것이다. 낯선 지역에서 좋은 식당을 고르는 법은 간단하다. 얼마나 정성스럽게 식물을 재배하고 꽃을 피웠는가를 보면 알 수 있다. 전혀 식물이 없는 식당은 가지 않는 것이 좋다.

성상 감독님의 추천 식당과 그 이유는요?

준범 '한남동 한방통닭'의 장작 구이를 좋아해요.

성상 동네 맛집인가요?

준범 그렇다고 봐야죠. 전기구이보다 훨씬 맛있는 집이라 자주 가는 편이에요.

3-48 아름다운 테니스

어느 날 성경을 읽는데 시편 27편 4절 "내가 여호와께 바라는 한 가지 일 그것을 구하리니 곧 내가 내 평생에 여호와의 집에 살면서 여호와의 아름다움을 바라보며 그의 성전에서 사모하는 그것이라"라는 구절을 보게 되었다. 정말 충격적이었다. 하나님의 아름다움이란 어떤 것인가? 놀란 이유는 나는 아름답다는 말을 테니스 칠 때 가장 많이 사용하기 때문이다. "BEAUTIFUL!"이라고 외치기 때문이다.

그 후로 하나님의 아름다움에 대해서 여러 가지를 생각했다. 하나님께서 자유(自由)로우신 분이라는 것이 너무 아름답게 다가왔다. 하나님은 우리에게도 자유를 허락하신 분, 아름다우신 분이다. 또한 나를 비롯한 많은 사람들, 테니스를 사랑하는 사람들을 보내주심에 감사한다. 이 책을 통해서 내가 경험한 아름다운 테니스를 서로 나눌 수 있도록 하심에 아름다운 하나님께 감사드린다.

3-49 테니스와 시간(時間)

우리의 삶 속에서 시간이 안 갈 때가 있다. 반대로 시간이 아주 잘 갈 때도 있다. 테니스는 두 모습을 다 가지고 있는 시간에 초월적인 존재이다. 테니스 경기를 시작하면 왜 이리 금방 끝나는지? 새벽부터 테니스장에 가야 하는데, 왜 이리 시간이 안 가는지?

테니스와 시간은 어린 왕자 이야기를 떠오르게 한다. 테니스와 함께 오랜 시간을 함께하면서 테니스는 나를 길들였다. 이 책을 통해서 테니스가 나에게 준, 길들여졌던 모든 것들을 후회 없이 글로 적었다. 내 삶의 정확히 반을 함께했던 테니스였기에 글을 쓰면서도 마치 테니스를 칠 때처럼 설레었다. 정말 놀랍고 아름다운 테니스다. 나를 매일 아침 설레게 해주는 아름다운 테니스가 좋다.

머리로 배운 테니스의 마무리

김성상

안 감독님을 만난 것은 우연이었다. 2024년 가을부터 KBS 아레나에서 요가 수업을 매주 화, 목요일 이틀 동안 11시에서 12시까지 받고 있었다. 일찍 KBS에 도착하게 되면 요가원 바로 아래 있는 테니스장에서 레슨받는 사람들을 보게 되었다. 몇 번인가 보는데 아주 다른 방식으로 레슨하고 있는 사람을 발견했다. 그 사람이 안준범 감독이다.

테니스 레슨을 33년 동안 받았는데 안 감독님에게 레슨을 받고 싶었다. 그래서 받기 시작했다. 레슨은 화요일 9시 40분에서 10시까지 받고 샤워를 하고, 요가 수업을 했다. 그야말로 행복한 퇴직자의 삶을 누리게 되었다. 교육과 철학에 대한 두 권의 책을 쓰고, 테니스에 관한 책을 쓰려고 준비하고 있었다. 그런데 항상 걸리는 것이 있었다. 난 이론을 전문적으로 배운 적이 없어서 테니스 기술에 관해 쓰는 것에 확신이 없었다. 그런데 레슨을 받으면 받을수록 함께 책을 써야 한다는 확신이 들었다. 이렇게 일 년이 지나고 책을 내게 되어서 정말 기쁘고 안준범 감독님께 감사드린다. 정말 즐거운 일 년이었다.

선수 출신의 코치와 순수 동호인이 만나서 테니스와 인생에 대해서 일 년 동안 매주 서로의 생각을 나누었다. 새로 테니스를 시작하는 사람들과 테니스를 오랜 기간 친 동호인들에게 이 책이 도움이 되길 바란다. 이 책을 통해서 테니스와 함께한 우리가 누렸던 행복을 한번 돌아볼 수 있으면 좋겠다.

2025년 10월의 어느 날 KBS 테니스장 로비에서